お母さんのための
アルコール依存症回復ガイドブック

ローズマリー・オコーナー

今村扶美・松本俊彦：監訳　浅田仁子：訳

A Sober Mom's Guide to Recovery:
Taking Care of Yourself to
Take Care of Your Kids

Ψ
金剛出版

A Sober Mom's Guide to Recovery :
Taking Care of Yourself to Take Care of Your Kids

by

Rosemary O'Connor

Printed in the United States of America
First published in the United States by Hazelden Betty Ford Foundation

Japanese translation rights arranged with Hazelden Betty Ford Foundation, Center City, Minnesota, represented by Persus Books Group, Boston, Massachusetts through Tuttle-Mori Agency, Inc., Tokyo

本書をわたしのすばらしい３人の子どもたちに捧げます。あなたたちはみな、今も昔もわたしにとって一番の教師です。あなたたちがいたからこそ、生きていたいという気持ちをもちつづけられた時期もありました。だから、あなたたちはわたしの命の恩人です。断酒を決意できたのは、あなたたち一人ひとりを心から愛していたからです。そのおかげで、ようやくわたしは自分自身を愛せるようになり、自分自身のために飲まないでいられるようにもなりました。あなたたち一人ひとりにふさわしいしらふの母親でいられることは、神がわたしに与えてくださった最大の贈り物です。

本書はわたしの両親にも捧げます。両親は常にわたしを導き、無条件に愛し、神への信仰のゆるぎない基礎を築いてくれました。ふたりが与えてくれたすべての祝福に、言葉では言い尽くせないほど感謝しています。

謝辞

本書を書き上げることができたのは、実に多くの人たちの助けと愛と支えがあったからです。ローリ・オディジオはわたしの命を救ってくれました。ローリ・ジャン・グラスは、わたしが子どもたちにふさわしい愛情豊かなしらふの母親になる手助けをしてくれました。ケイト・ウェブスターは魔法のようにおいしい紅茶を入れて、うつ状態で最悪の日々を送っていたわたしを支えてくれました。ミシェル・ボンシニョーレは無条件にわたしを愛し受け入れてくれました。ベス・ホランドのおかげで、わたしの断酒生活は笑いと楽しみにあふれたものになりました。姉のコリーン・オコーナーは、わたしがもっとも苦しんだ時期にいつもそばにいて、わたしの子どもたちを助けてくれました。わたしのスポンサー[†1]や多くの女性がわたしに手を差し伸べ、進むべき道を示してくれました。わたしの世界が闇に包まれていたときに光を示し、わたしを愛し、どのように自分を愛し許したらいいのかをわたしに教えてくれたみなさん、本当にありがとうございます。わたしが神の思し召しどおりの女性に成長できるよう手助けしてくれたみなさんに心から感謝しています。

今回の執筆の旅にずっと付き合ってくれたのは、すばらしいライティングのコーチであり友人でもあるダイアン・コンウェイです。あなたがいなかったら、本書が完成することはなかったでしょう。感謝の言葉もありません。また、ヘイゼルデン出版の編集長シッド・ファラーにもたいへん熱心にご指導いただき、こうして処女作を出すことができました。改めてお礼を申し上げます。

•
•
•

◉訳注

1――同様の依存症を体験したのちに回復している助言者。

序文

わたしはかつて、どうしようもないアルコール依存の母親でした。長いあいだ、自分の飲酒をコントロールすることができずに失敗を繰り返し、1999年、どん底に落ちて、いわゆる「底つき」体験をしました。その日わたしは、夜通し飲みつづけて、幼い3人の子どもの待つ家に帰らなかったのです。

回復への旅を始めて以来ずっと、わたしは子育て中に直面する難題の解決に役立つ本を探しつづけました。ところが、回復途上の母親に特化したものはまったく見つかりませんでした。本書は、アルコールを断とうとして難題に直面している母親に、わたし自身が切実に必要としたことをお伝えするものです。したがって本書で取り上げるのは、断酒中の母親が自らと重ね合わせられるような実生活上の問題であり、わたし自身が生活を変えて断酒を続けるのに活用した実用的なツールです。どんな困難にぶつかっても断酒しつづけようとする母親のみなさんの支えになることができれば幸いです。しらふでいることは、それだけで自分自身や自分の子どもたちにとってかけがえのない贈り物となりえます。それは、どんなに深い言葉でもとうてい説明しつくせない贈り物なのです。

わたしは１９９９年に回復の旅に出発しました。しらふの状態を続け、生活を立て直すのがどんなに大変かをよく理解しています。そして、この10年、経験を積んだライフ・コーチとして、私生活や職場での生活に前向きな変化をもたらす方法を、何百人もの人たちに教えてきました。わたしが創立したＲＯＣリカバリー・サービスの使命は、依存症の破壊的な影響から回復しようとする女性たちに力を貸すこと、どのようにしたら目的をもち、自分自身や他者と有意義につながって生きがいのある人生を送ることができるのかを教えることです。

・・・

目次

謝辞 5
序文 7
1 底つき 15
2 罪悪感 22
3 疲労 30
4 孤独 39
5 お付き合いと教訓になる話 49
6 お金、お金、お金 55

7　親密なつながり――本当のわたしを知って　65
8　自分をドラマ化する母親　73
9　恋愛関係の問題　80
10　スーパーママ　94
11　怒り　103
12　性的トラウマ　113
13　共依存　119
14　夢を叶える　126
15　喜びと笑い　138
16　スピリチュアリティ　147
17　コミュニケーション　162
18　心配性　172

19 家庭内での虐待と暴力を生き延びる 180
20 恥の感情 191
21 セルフケア 201
22 しらふになって、楽しく陽気に過ごす 213
23 再発と引き金 220
24 人生の未来図 232
25 笑い声と、それほど楽しくない休日 241
26 他者と自分自身を許す 252
監訳者解題（今村扶美） 265
ＡＡの12ステップ 276
Recommended Resources 277

お母さんのための
アルコール依存症回復ガイドブック

1

底つき

回復というのはそんなに悪いものではありません。言ってみれば、股の高さほどの糖蜜のなかを、両脚をしばった状態で後ろ向きに歩いていくようなものです。

――アン・ウィルソン・シャフ

ちょっと飲みに行ってくるだけ――そう心に決めていました。11歳のベビーシッターには、「2時間くらいで帰るから。9時を過ぎることはないと思うわ」と言いました。そして、玄関を出て、サンフランシスコ・ヨットクラブで開催されていた高級チャリティ・イベント、ファイヤーマンズ・ボール・ボールに向かいました。スパンコールを散らしたロングドレスにハイヒールを履き、ヘアスタイルも化粧もばっちり決めていました（当時のわたしにとって、外見こそがすべてでした）。

会場に着くと、お酒を片手に男性とおしゃべりを始めました。テキーラをストレートで何杯か飲むと、バーで頼んだお酒の代金はあっという間に200ドルになりました。品のよい女性だってするようなことだと思っていました。そのうち、それほど素敵でもない男性が、ぼくの家で飲み直そうと誘ってきました。わたしは自分の車に乗り、直線からはみ出さないようにハンドルを握りしめて彼のあとをついていきました。そこまでは憶えています。次に思い出せるのは、翌朝10時、その男性のベッドで目醒めたことです。ベビーシッターに告げた帰宅時間から13時間が経っていました。

わたしは家に向かって運転しながら、恐怖におののき、もう2度と飲まないと心のなかで誓っていました。帰宅したわたしがそこで見たのは、さながらディケンズの一場面のようでした。3人の子どもたちはパジャマ姿でソファに並び、憎悪に満ちた目を見開いてわたしをにらみつけていました。子どもたちの両側には、わたしの親友であり、ベビーシッターをしている女の子の母親ローリと、別居中のわたしの夫が座っていました。ふたりのいずれからも、優しさや親しみは感じられませんでした。そして、当然ながら、わたしが着ていたのは前夜からのスパンコールのドレスで、それには嘔吐の跡がこびりついていましたし、髪の毛と化粧は見られたものではありませんでした。

ローリはわたしの目をまっすぐに見て、「しっかりしなさいよ!」と言うと、荒々しく出ていきました。夫は愛想が尽き果てたという目でわたしをにらんでいました。その目は、きちんとできないなら、子どもたちを取り上げるぞと言っていました。

夫が荷造りをさせようとして子どもたちを2階に行くように促すと、5歳になる息子がわたしに言いました。「ママ、大丈夫?」

大丈夫なんかじゃありませんでした。21年間飲みつづけてきて初めて、自分には何か本当におかしくなっているところがあることを認識しました。わたしは、「ううん、ママは大丈夫じゃないわ」と言いました。息子はわたしに飛びつき、わたしを抱きしめました。そして、泣きながら2階に駆け上がりました。

近日中には離婚することが決まっていた夫は、自分の家に子どもたちを連れていってしまいました。わたしはひとり取り残され、まさに中身を除かれた貝殻のようにからっぽでした。からだも心も精神も、すっかり破綻した状態でした。わたしが何よりも恐れていたのは、同じことを繰り返して子どもたちを失ってしまうことでした。決してこんな母親になりたかったわけではなかったはずなのに。これがわたしの底つき体験でした。そして、そのときのわたしには、もしも誰の助けもないままだったら、午後5時を待たずして、またしても酔っぱらっている自分の姿が想像できました。

それ以来、わたしは数えきれないほど多くの女性たちとともに努力を続けてきました。そして、先ほどと同じような修羅場が、郊外の豪邸でも、下町の安アパートでも数え切れないほど繰り広げられてきたことを知りました。社会的地位や教育水準、自己認識は関係ありません。アルコールや薬物につかまると、わたしたちは乗っ取られてしまうのです。飲酒中や薬物使用中に取ったさまざまな行動のせいで、やがて酔いが醒め、ハイな気分が去ったとき、苦い涙を流すことになるのです。

わたしたちは、本来、善良な女性、母親であって、正常な状態のときには、自分自身のケアを怠らず、自分の子どもたちをしっかり守ろうとします。どうしてこういうことが起きてしまうのか、どうしてコントロールできなくなってしまうのか、本当に想像がつきません。自分で自分に愛想が尽きますし、恥ずかしく感じます。絶望的な気持ちにさえなります。そして誓うのです。もう2度とこんなことは起こさない、と。

わたしはそういう誓いを、それこそ思い出せないくらい何度も繰り返しました。でも、あのとき、わたしは初めて、自分の頭のなかに響く声を聞いたのです。助けを求めなさい、声はそう言っていました。わたしは電話帳を取りに行き、アルコホーリクス・アノニマス（Alcoholics Anonymous; AA）の連絡先を見つけると、すぐに電話をしました。電話に出た女性は、ＡＡのミーティングに参加してはどうかと言いました。わたしはそのミーティングで、かつてわたしと同じように感じていた女性たちに出会いました。とうとうわたしは自分がひとりぼっちではないことを知ったのです。

わたしは、アルコールや薬物のない生活にどう向き合ったらいいかをそうした女性たちに教わりながら、一日一日と、地道に飲まない時間を重ねていきました。回復していくなかで――これを執筆している時点で15年――わたしは安らぎを見出し、思いやりの気持ちをもてるようになり、自分自身を許せるようになりました。今では自分自身に対して敬意をもち、今の自分の女性としてのあり方を（たいていの場合！）いとおしく思ってもいます。何より重要なのは、わたしは子どものためにちゃんと生きることができていて、子どもたちはわたしを愛してくれているということです。

アルコールや薬物を断ってクリーンになるということは、さながら静かな池に石を1個投げ入れ、家族や友人たち、回復の旅をともにするすべての人たちに、癒しのさざ波を送るようなものです。

＋断酒を目指す母親が「底つき」から這い上がるためのツール

1 第一歩を踏み出しましょう。回復へのプロセスの第一歩は、自分に問題があることを認めることです。わたしの場合は、あの朝、帰宅して子どもたちと向き合ったとき、自分が生活をコントロールできていない証拠を目の前に突きつけられました。わたしの話を手本にして、あなた自身の「底つき」体験について書いてみましょう。もちろん、もしもあなたが断酒に挑戦するのが初めてだとしたら、それについて書くのは苦痛かもしれません。でも、書くことによって、自分に問題があるのを認めるということの第一歩を踏み出しやすくなります。

あの朝、子どもたちと向き合ったあとでさえ、わたしはまだ、自分が本格的なアルコール依存症かどうか、疑問に思っていました。でも、直近の過去10回の飲酒状況を書き出してみてはどうかと言われ、実際に書いてみると、自分の飲酒が正常とはほど遠いことが明らかになりました。1杯のワインを飲みはじめたら最後、自分がどこまで行くのか、何をし出すのか、まったく見当がつかなくなることがはっきりしました。

2 助けを求めましょう。これは、自分を孤立と孤独から解放するために取りうる唯一の、そして、もっとも重要な行動です。わたしにとっても、他の多くの女性たちにとっても、女性には手を差し伸べやすいですし、そうすることで、こちらも助けられます。わたしたちはひとりぼっちで生きていくようには生まれついていません。たとえ今の今まで、飲酒や薬物使用の問題をひとりで何とかしようとしていたとしても、どうか電話を取って助けを求めてください。AAに電話をすれば、すぐに助けが得られます。あなたの選んだ薬物がアルコールでない場合は、ナルコティックス・アノニマス(Narcotics Anonymous; NA)に電話をしたいと思うかもしれませんが、いずれのグループも24時間無料で対応してくれます。ひとりで何とかする必要はありません。

3 自分自身のために助けを求めるのは気が進まなくても、自分の子どもたちのためだと思えばできるはずです。依存症は命に関わる進行性の病気です。この病気は本当に悪化するのかどうかではなく、いつ悪化するのかが問題なのです。数多くの母親たちが依存症のために子どもの親権を失ってきました。

④
「自分にはアルコールや薬物の問題があるのかどうか」、いまだ疑問に感じている方は、ＡＡのサイト（www.aa.org）にアクセスし、「A.A. Literature」を開いて、「Pamphlets/Flyers」のなかにある「AA for the Woman」（女性のためのＡＡ）を読み、15の質問からなるテストを受けてみてください。

2

罪悪感

罪悪感とは、負けつづける才である。
——アーマ・ボンベック

罪悪感は、アルコールや薬物に依存する人について回るものであり、女性の方がより多くそれを感じているようです。どのような母親でも、自分の親としてのあり方について、罪悪感を抱くことがあります。飲酒や薬物のせいで自分の子どもたちに苦痛を与えたり、ひどい状況を引き起こしたり——あるいは心理的なダメージを与えたり——してきた女性にとって、このことは紛れもない真実です。以下は、わたしが過去に体験した出来事のひとつで、思い起こすと、今でも身の縮む思いがします。

わたしは、飲酒のせいで夫とは別居していましたが、2歳、5歳、8歳の3人の子どもたちとは、北カリフォルニアの快適な自宅でこれまでどおりに暮らしていました。会社では営業職としてトップクラスの成績を上げ、順調に昇進もしていました。営業は飲んだくれにとっては打ってつけの仕事でした。顧客を昼食や夕食に連れ出しては、会社のお金で飲みまくるのです。外から見れば、うまくいっているように見えましたが、内実はボロボロでした。

ある日、女友だち数人がわたしを連れ出して、36歳の誕生日を祝ってくれることになりました。わたしはすてきなクリスタルのグラスで美味しいワインをちびちびやりながら、セクシーな黒のミニスカートにハイヒールを履き、胸の谷間もあらわな襟ぐりの深いトップスを身につけました。そして、子どもたちにキスをして「行ってきます」と言い、地元のおしゃれなレストランに向かいました。レストランでは、友人たちと夕食を楽しみながらグラスを重ねました。

食事が済むと、1ブロック先の地元の安酒場にパーティの場を移し、いかがわしい男たちの気を惹くことにしました。入口にいた用心棒は、5人の魅力的な女たちがやってきたのを見て、これはおもしろいことになりそうだと思ったようです。店の常連客はみな、わたしたちが登場したのを見て、飲み物から顔を上げました。しかし45分後には、わたしたちはその用心棒によって店からつまみ出されていました。ろくでもない連中に喧嘩をふっかけたというのがその理由です。いい女たちはあっという間にクズな女へと成り下がったわけです。

その後、パーティはわが家で継続することになりました。子どもたちはぐっすり寝入っていたので、ベビーシッターには帰ってもらいました。わたしたちは何人か男性を呼び出し、酒を手にもち衣服を脱ぎ捨て、裏庭の露天風呂に向かいました。事態は急激に悪化し、わたしは翌朝、自分に愛想を尽かすことになりました。

2歳の息子が目を醒まして泣いているのが聞こえたので、わたしは濡れたからだのまま、2階の寝室に行き、泣いている息子を抱き上げました。そのときです、幼い息子を抱いた自分の姿が鏡にちらっと映りました。さらに、わたしを追ってきた男――ミスター露天風呂――が背後からわたしにキスしようとしているのも映りました。なんてことでしょう！

それだけではまだ足りなかったようです。太陽が高く昇り、わたしは思い出しました。この日は、5歳の息子を連れて、入学面接を受けるために地元のカソリック・スクールに行かなくてはならなかったのです。1時間で酔いを醒まし、息子の支度をし、学校まで運転していかなくてはなりません。やがて、わたしは息子と手をつないで、面接官の修道女に向かって歩きながら、依存症の母親だけが感じる、あの、魂をひねり潰されるような恥辱感を味わっていました。

回復のプロセスに入る前、自分の成れの果ての姿として浮かぶのは、いつもビクビクしている飲んだくれの最低な母親であり、こうした感情に対処する唯一の方法は再び飲むことしかないと思っている母親でした。

先ほどの体験談は、数多くあるわたしの「うんざり話」のひとつです。もしもあなたがわたしと似た者同士なら、あなたにもたぶん、同じようなエピソードがいくつかあるでしょう。アルコールを断ち、他の回復途上の女性たちとそうしたエピソードを交換しはじめると、初めて、自分はひとりで重荷を背負っているのではないと感じるようになります。他の女性たちも自分がしてきたのと同じことをしてきたことがわかるからです。わたしは、ある女性の話を聞き、彼女と同じだと思ったときに初めて、罪悪感が軽くなった気がしました。

罪悪感はいったん飲酒をやめたら消えてなくなるだろうと考えていました。でも、ときに友人や家族が昔の出来事をもち出すこともあり、そういうときには、どこからともなく無意識のうちに恥の感情と罪悪感が湧き上がってきたものです。そうした状況になっても初めて飲まずに自分の罪悪感と向き合うことができたのは、アルコールを断ってから90日後、わたしのスポンサー[†1]が自身の断酒7年を記念して開いたパーティでのことでした。出席者たちは輪になって座り、わたしのスポンサーが断酒の結果どのように変わってきたかを順番に話していきました。不意にわたしの9歳の娘が言いました。「そうなの、ママもうわたしを怒鳴らなくなったの！」

誰もが笑いましたが、わたしはぞっとして、自分が子どもたちに一生取り返しがつかない傷を与えたのだという罪悪感と恐怖に打ちのめされました。その夜、わたしは子どもたちを座らせて約束しました。「もしもわたしがあなたたちを怒鳴ったら、25セントあげる」と約束したのです。すると、5歳の息子が姉を見て言いました。「ぼくたち、大金持ちになれるぞ！」

子どもたちはお金をもらえると大喜びしていましたが、わたしは、「自分はなんてひどい母親だったのだろう」という気持ちをどうにかして収めなくてはなりませんでした。ありがたいことに、アルコホーリクス・アノニマス（AA）のプログラムの第7ステップには、第4ステップで明らかにした自分の欠点を取り除いてくださいと頼むというプロセスがあります。さらにありがたいことに、第9ステップのあとには、『アルコホーリクス・アノニマス』（通称『ビッグブック』）第6章にあるとおり、「わたしたちは過去を悔いませんし、その過去に対して扉を閉ざしたいとも思いません」という約束があります（AAの12のステップは本書巻末に収録）。もしも過去について自分を責めつづけ、自己憐憫にのたうちまわりつづければ、子どもたちのためにちゃんとそこにいることはできませんし、最悪の場合には、自分の恥辱を子どもたちに受け継がせてしまうことになりかねません。

断酒しはじめて間もないころ、わたしは自分の飲酒とアルコール依存症の行動によって子どもたちを回復不能なまでに傷つけてしまったと後悔して苦しんでいたわけですが、その際、ひとときの安らぎを与えてもらった出来事がありました。

わたしは、父親とかわいい3歳の息子ジョゼフと一緒に浜辺に向かって歩いていました。父親が息子に、「大きくなったら何になりたいんだい？」と尋ねました。息子は間髪入れず、「アルコホーリックになりたい」と答えました。そのころのわたしは自分のアルコール依存について父親がどう考えているのかを気に病み、ひどく悩んでもいたため、息子の言葉を聞いて、「ああ、なんてことを言うんだろう！」と思いました。私は、もしも会話を続けていたら息子はさらに何を言い出すだろうかと不安に思いながらも、理由を尋ねることにしました。すると息子は、「だって、アルコホーリックの人たちは怒鳴らないし、いっぱい笑うから」と言うではありませんか。ジョゼフはアルコホーリックが実際にどのようなものなのかを知りませんでした。でも、わたしが飲んだときに大声で怒鳴りちらし、飲むのをやめたら怒鳴るのをやめたことはわかっていました。息子がわからなかったのは、わたしがスポンサーにたくさん助けてもらい、ＡＡの12ステップにしっかり取り組んだからこそ、怒鳴るのをやめることができたということです。

わたしたちは浜辺に向かってさらに歩きつづけました。わたしは歩きながら、断酒を始める2、3カ月前の光景を急に思い出しました。父がわたしの顔をじっと見つめ、「子どもたちに怒鳴るのをやめなくちゃいけないよ」と言ったのです。そのときわたしはつま先が砂に埋もれるのを感じつつ、父親と息子とともに過ごす貴重な時間をゆっくり味わいながら、神の恵みを与えられているという感覚に浸っていました。12のステップの奇跡と、それらがわたしやわたしの家族を、想像したこともないような多彩な形で癒してくれているのを実感していました。もはや過去について自分を責め立てる必要はありませんでした。わたしは自分を許すことができました。ちゃんと家族とともにいること、子どもたちに大声で怒鳴らないことによって、わたしは真の埋め合わせをしていました。そして、しらふの状態を続けることが、子どもたちに与えうる最高の贈り物であり、家族の財産であることを認識したのです。

＋断酒を目指す母親が罪悪感を克服するためのツール

1 自分が母親としてうまくやっていることをすべて、リストにまとめましょう。自分自身に優しくしてください。ローザン・バーが言うように、「夕方5時に子どもたちがまだ生きていて、家が焼け落ちていないなら、人生は上出来」です。あなたの人生を支えてくれている人たちに、なぜあなたのことをよい母親だと思うのかを尋ねてみましょう。自分の子どもにも聞いてみるとよいでしょう。子どもたちがあなたの長所をどれだけたくさん挙げられるかを知ったら、きっと驚くはずです。

2 自分を責めるのをやめましょう！ ネガティブなセルフトークに関しては、たいていの女性は博士号レベルに達しています。わたしたちの心のなかに棲む「内なる批評家」は毎日、四六時中、わたしたちに不平を言いつづけています。その内なる批評家は、わたしを責め立てる方法を見つけることにかけては実に雄弁です。たとえば、わたしは、このままじゃ充分じゃない。いつになっても充分じゃない。ほかのお母さんたちはみんな、＿＿＿＿なのに、などと言います（空欄には、以下からひとつ入れてください。もっと親切、もっと洗練されている、もっと愛情豊か、など）。

わたしがクライエントと行なっているエクササイズをご紹介します。クライエントを鏡の前に連れて行き、鏡のなかの自分の目を見つめながら、「あなたを愛しています。

あなたが好きです。あなたを許します」と言ってもらうのです。たいていの場合、クライエントは泣き崩れ、少なくともその一瞬は罪悪感から解放されます。洗面所の鏡に先ほどのフレーズを書いてみましょう。もし罪悪感に悩まされていたり、何から何まで「べき思考」――これをすべきだった、あれをすべきじゃなかった――をしていたりする自分に気づいたら、先ほどの「あなたを愛しています。あなたが好きです。あなたを許します」をマントラのように唱えて、ネガティブな思考を追い払いましょう。

3 罪悪感を取り除くために祈りましょう。「ハイヤーパワー[†2]にお願いがあります。どうかわたしの罪悪感を取り除いてください。そして、あなたと同じ見方で自分のことを見られるようにしてください。自分のことを、完全で、何ひとつ欠けるところがなく、完結していると思えるようにしてください」

4 内なる批評家がぐずぐず言いはじめたら、「もういい加減にして！」と言いましょう。

◉訳注

1――12ステップ・プログラムを進めるのをいっしょに手伝ってくれる、AAの仲間。

2――自分を超えた大きな力。12ステップ・プログラムの中でプログラムの作業を手助けしてくれる自分なりに理解した力のこと。厳密な定義はなく、それぞれの自由な解釈にゆだねられている。p.62参照。

3

疲労

客室内の空気圧が低下した場合には、酸素マスクが上から降りてきます。小さなお子さまや乳幼児の隣に座っている場合、どうかまずご自分が先にマスクをつけてください。複数のお子さま連れの場合は、そのうちの誰が一番お気に入りかをすぐに見きわめ、そのお子さまを先に助け、それから、2番目、3番目という順に助けてください。

——**客室乗務員機内アナウンス**

これまでに極度の疲労に達したことはありますか？　もちろんありますよね——女性ですもの。そのうえに母親だとしたら、あなたは疲労に関する専門家です。さらに、依存症から回復しようとしている母親だとしたら、極度の疲労は生活の一部になっているはずです。もしあなたがわたしと同類なら、その疲労の多くは何もかもやり過ぎる傾向があるために生じていることとでしょう。やり過ぎるのは、自分が大丈夫なことや自分に能力があること、飲酒や薬物使用をしていたときのような大失敗はしないことを、自分自身（や他のみんな）に証明しようとするからです。

断酒を始めて間もないころ、わたしはフルタイムで働いていて、離婚の手続きを進めながら3人の子どもを育てていました。そんなある日、セラピストに疲れ切っているとこぼすと、セラピストは、仕事と子どものお迎え時間の合間の20分、昼寝をしてはどうかと言いました。わたしは本気で、「この人、火星人なんじゃないかしら」と思いました。つまり、そのセラピストの発言は、私にとっては、「月まで飛んで行ってはどうか」と言われたのも同然だったわけです。昼寝などといった提案は、自分にはとうてい受け入れることのできないものでした。

わたしが小さいころ、母親はよく昼寝をしていましたが、わたしは母親のことを、頭がおかしいのではないかと思っていました。確かに母親には子どもが7人いましたし、きっと昼寝で救われていたのでしょう。わたしのふたりの子どもたちは今やすっかり大きくなり、すでに家を出ていますが、それでもなお、わたしは疲れ切っています。この疲労を夫やボーイフレンド、子どもたちのせいにはできません。共通項はわたしです。わたしに必要なのは、ペースを落として、静かな時間を少々組み入れ、もち込まれる依頼の一部の断り方を学ぶことです。セラピストのアドバイスと母の例に従って、昼寝を取り入れはじめることです。

しらふになって5年ほど経ち、相変わらず頭をちょん切られた鶏のように走り回っていたころ、体調をひどく崩したことがありましたが、医者には行きませんでした。時間がないからと自分に言い聞かせ、受診を先延ばしにしていたのです。けれども、とうとう痛みがどうにもならなくなって受診すると、重い感染症に罹っていることがわかりました。医師は処方箋を書いて、わたしを家に帰してくれましたが、わたしは家に向かいながら、忙しすぎて薬を処方してもらう時間なんてないわと思っていました。その夜は子どもたちをジャイアンツのゲームに連れて行くと約束していたからです。明日処方してもらおう、今夜は歯を食いしばって痛みに耐えよう、そう自分に言い聞かせました。

　息子たちは大喜びで野球の試合を満喫しましたが、冷え込んだその夜、わたしはずっとぶるぶる震えて過ごし、やっと家に帰ったのは11時半ごろでした。翌朝5時、からだ中の震えがどうにも止まらなくなって目が醒めました。わたしは怖くなりました。何が起きているのか見当もつきません。大声を上げて娘を起こすと、娘は怯えきって、911[†1]と、通りのすぐ先に住んでいるわたしの親友に電話をかけました。

　わたしはたちまち自分の小さな寝室で、自分を取り囲む3人のハンサムな消防士と2人の救急医療士を見上げることになりました。「なんてこと、もっと気の利いたパジャマを着ていればよかった。でも、少なくとも化粧は落とさずにベッドに入ったはずよね」とわたしは思いました。つづいて、自分がストレッチャーで慌ただしく運ばれていくのがわかりました。それを見つめる子どもたちの目は恐怖に満ちていました。ありがたいことに友人のローリが来てくれていて、子どもたちの登校の用意をしてくれました。

病院では看護師たちがわたしを数台の機械につなぎました。機械はビービー言っています。そこへ医師がやって来て、あらゆる種類の質問をしました。それが済んでから、わたしは医師に、今回の処置にはどのくらい時間がかかるのかを尋ね、やらなくてはならないことがたくさんあるので、自分は帰宅しなくてはならないと言いました。医師はきわめて厳しい表情でわたしを見つめて言いました。「奥さん、あなたの腎臓は機能が停止しかけています。家で2、3日安静にしていると約束できないなら、2、3日入院してもらわざるをえません。必ず安静を守ると約束していただけるのであれば、あと2、3時間でお帰りいただけます」

「奥さん」と呼ばれるより、腎臓の機能が停止しかかっているほうがましなのかどうか、わたしにははっきりわかりませんでしたが、医師の言葉が伝える状況の深刻さは理解できました。ストレッチャーで運び出され、救急車に乗せられたとき、子どもたちの顔に浮かんだ表情を思い出し、わたしは医師（と自分自身）に、帰宅して休息することを約束しました。そして、これからは自分自身をもっとよくケアし、子どもたちのニーズと同じく、自分のニーズも上位に位置づけることを心に誓いました。子どもたちのケアをするには、自分自身のケアをすることがどれだけ重要かを理解したのです。まさにそのとき、なんでも引き受けて誰にでもよい顔をしようとすることで、自分自身をどれほど大きな危険に追い込んでいたかということに気づきました。ここに来てようやくわたしは、「酸素マスクはまず自分がつけてから子どもたちにつけてください」という喩えの意味を了解したのです。
それから2、3日のあいだ、わたしはベッドに横になったまま、あるリストを紙に書き出しました。左側には、自分がやり過ぎていた事柄をすべて書き出し、右側には、やり過ぎを減らす方法をいくつか書き出しました。たとえばこんな具合です。わたしはこれまで毎晩夕食を作り、皿洗いもすべてしてきました。でも、その夜は違いました。「夕食はわたしが作るけれど、お皿洗いはあなたたちがするのよ」と子どもたちに言いつけたのです。子どもたちはいやな顔をしましたが、わたしは、いつだったか読んだベン・ベルゴーが引用した言葉を思い出して、内心ほくそ笑んでいました。「子どもというのは車の運転はすごく速く覚えるのに、芝刈り機や除雪機、掃除機は理解できない。これは驚くべきことだ」

　わたしはいつでも、子どもたちが行きたいと言えばどこへでも自分で運転して連れていきました。でも、登下校やスポーツ・誕生会の送り迎え、そのほか、子どもたちが行かなくてはならないあらゆる場所への行き来には、カー・プール[†2]を手配することにしました。もしも子どもたちが靴を必要としていたら、わたしが靴用に払ってあげられる金額を伝えます。もっと高額で最新のファッショナブルなものをほしいのであれば、差額は本人もちです。あるいは、片方だけは買ってあげるから、もう片方をあなたが自分で買ってもいいし、片足でピョンピョンしてもいいかもねと伝えます。子どもたちが後者を選ぶことは1度もありませんでした。

「ママはもう限界」モードになることはしょっちゅうです。そんなある日、わたしは自分のスポンサーに電話をかけ、子どもたちが繰り返しあれやこれやをわたしに頼むことについて愚痴をこぼしました。「子どもたちにはノーと言いつづけてはいるんだけど、そう言いつづけるのにもうんざりしてしまって、つい譲歩してイエスと言ってしまう」といったことをスポンサーに話したのです。するとスポンサーは、大きな紙を1枚用意して、黒インクでその上に「ダメなものはダメ！」と書き、それを冷蔵庫に貼っておくよう言いました。「すばらしいアイディアだわ。あの子たちにぜったい効き目があると思う」とわたしは言いました。すると、スポンサーはすぐに言いました。「いいえ、子どもたちのためにそうするんじゃありません。あなたのために、ですよ」。なるほど！ あまりに調子が悪くなると、「ダメなものはダメ」と書いたシールを自分のおでこに貼る日もあります。

わたしは今、断酒を始めて間もない既婚の母親を対象とするライフ・コーチとして働いています。そういう母親はたくさんいて、彼女たちはわたしのところに来ると、「どうして自分の結婚生活がこんなに惨めなのか、まったく理解できない」と言います。彼女たちの大半は、最初の面談の時点では、自分が実際にどれほど疲れているのかを認識していません。そこでわたしは、極度の疲労は親密な関係も結婚生活もダメにすることがありますよと言い、彼女たちに、「パートナーとふたりだけで最後に1泊旅行なり、デートなりをしたのはいつですか？」と尋ねます。たいていの母親は、お金がないとか時間がないとか、言い訳を見つけ出します。わたしは、飲みに行ったり薬物を使ったりするお金と時間はたくさんあったことを指摘します。

わたしはさらに、パートナーと最後にセックスをしたのはいつかも尋ねます。大半がもじもじして答えません。ずっと前のことだからです。そういうときわたしが聞かされる言い訳は、「とにかく疲れ切っていて」というものです。きっと、彼女たちのパートナーや配偶者も同じ言い訳を何度も聞かされてきたはずです。ときにわたしはこうした母親をすぐに部屋から追い出し、わたしに支払うお金とわたしと過ごす時間を使って、パートナーとお昼を食べに行くようにと言います。また、やることリストを見て、その項目を半分に減らし、できた時間で休息するよう提案することもあります。子どもがいる場合は、ピザを注文して、いつもより早く子どもたちをベッドに入れ、その晩はパートナーとセックスするようにと言います。

女性たちがショックを受けてわたしを見つめたら、変わりたいと思うからこそわたしとの面談を予約したのだということを思い出してもらいます。もしも愚痴を聞いてくれる人を見つけたいと思っているとしたら、わたしは間違いなく、そういう人にはふさわしくないライフ・コーチです。

✚ 断酒を目指す母親が極度の疲労を克服するツール

[1] やることリスト（もしくは、やらないことリスト）について。紙を1枚用意して、中央に縦線を引き、左右に分けます。左側には「今日わたしがやること」と書き、右側に

は、「今日神さまがわたしに代わってしてくださること」と書きます。そして、絶対に不可欠な項目――どうしても今日やらなくてはならないこと、やらなければ誰かが死んでしまうというようなこと――のみを「わたし」の欄に書き入れます。そのほかの項目はすべて「神さま」の欄に入れます。神さまの欄に入れる事柄は、する必要はあるけれども、別に今日しなくてもいいことです。ここには、あなたの願望を追加してもかまいません。その願望がどんな形になって現れてくるのかはわからなくても、そうすることで、自分のハイヤーパワーに仕事を与えるのです。このエクササイズを毎日行なえば、ストレスは軽減され、自分の肩に世界を背負わずに済みます。やがて、神さまの欄の項目はしばしば、思いもよらなかった形で片づいていることに気づくようになるでしょう。

2 自分の力ではどうにもできないことは山ほどあります。「それはわたしの職務明細書にはない」と繰り返すことによって、人や状況、物事を手放す練習をしましょう。そもそもできるはずのないことで心を煩わせるのをやめると、自分のための自由と少々の時間をもてるようになります。

3 泡風呂に入ったり、（自分が安らげる場所へ行って）深呼吸と瞑想を5分間行なったり、そのほか何でも、元気を回復できることをしたりして、「ママのタイムアウト（小休止時間）」を取りましょう。子どもたちが家にいる場合は、「ママにはちょっと休息が必要なの。自分でお昼ごはんの用意をしたり、台所の床にモップをかけてくれたりしたら、とっても助かるんだけれど」と言いましょう。

4

応急処置をします。友人に頼んで、1時間子どもたちを連れ出してもらったら、引っ越しをしましょう（引っ越しというのはほんの冗談ですが、1時間、なんの責任も義務も抱えていない、知らない街にいるふりはできますよね）。お手持ちのマーサ・スチュアート[†3]のエプロンを捨てましょう。彼女の写真を1枚細かくちぎるのもいいでしょう。「この国を出ました。もう帰りません」とフェイスブックに投稿しましょう。夕食にはシリアルでも出しておきましょう。

◉訳注

1——救急通報用電話番号。
2——車の相乗り。
3——ライフスタイル・コーディネーター。

4

孤独

ひとりでいることに耐えられないのは、生涯ずっと一緒の唯一の仲間、すなわち自分自身を正しく評価していないということです。

――エダ・ルシャン

孤独は、人間の感情のなかでももっともつらいもののひとつです。おなかの底に穴が開いたような気持ちになったり、心のなかに深い渇望がうずいているような感じがしたり、その両方だったりします。依存症者が孤独から逃れる手段はたくさんあります。薬物やアルコール、セックス、買い物、ドンチャン騒ぎ、下剤、過食、ギャンブル、孤立、他者への激しい怒り、支配、巻き込み、多忙、働き過ぎ、ボランティア活動のやり過ぎ、などです。あ、それに買い物ですね。もう買い物は言いましたっけ？　これらの応急処置は、最初は効力がありますが、あらゆる依存的行動がそうであるように、ハイな気分や気が紛れた感覚はすぐに消えていき、またひとりぼっちで寂しいと感じるようになってしまいます。そして、「あともう1回だけ」と思って、再びそれ――薬物、アルコール、恋人、クレジットカード、アイスクリームの箱――に手を延ばし、やがて自己嫌悪とやりきれない思いのなかに取り残されることになります。

ひとりでいることと孤独には違いがあります。ひとりでいても、孤独だと感じないでいることもできます。わたしたちは回復中にひとりでいる練習をしますが、この健全なスキルが身につくと、これまで感情を紛らわすために依存しつづけてきたいつもの人や場所、物事に頼らなくても生きていけることがわかるようになります。数多くの女性がひとりでいることを怖がります。その一方で、他人とつながらなくてはならないという考えに恐れをなして、むしろ孤立を選ぶ人もたくさんいます。

孤独感は、ハイヤーパワーや自分自身や他者とつながりたいという強いスピリチュアルな切望でもあります。わたしたちは依存症のせいで、まさにこのハイヤーパワーや自分自身から、そして他者からも感情レベルで切り離されていました。周囲にいる人の数は関係ありません。人でいっぱいの部屋にいるときでも、自宅でひとりきりでいるときと同じように孤独を感じることがあります。毎晩夫が帰宅し、夫とともに充実した時間を過ごしていても、恐ろしいほどに孤独だった妻たちをわたしはたくさん知っています。

わたしは、9年間に7人もの子どもが生まれた家庭で、その子どものひとりとして成長したので、いつもたくさんの人に囲まれていました。学校では人気者でしたし、友だちもいつもたくさんいて、誰とでもうまく付き合うことができました。わたしは大勢の人の近くにいると落ち着き、大きなパーティや人混みが大好きでした。高校を卒業して大学の寮に入ると、わたしたち女の子はみんな一緒に過ごしました。大学を出ると、複数の女友だちと共同生活をし、やがて結婚し、1年後には最初の子どもが産まれました。わたしはいつも忙しい、忙しいと走り回っていました。

離婚して子どもたちが前夫の家に引き取られたあとのある日のことを、わたしはよく覚えています。自宅の静寂はまさに凍りつくようでした。ひとりでいることの苦痛に初めて直面し、わたしは恐怖に脅えていました。わたしの人生にはわたしを愛してくれる人がたくさんいたにもかかわらず、わたしは1度ならず、孤独の苦しさから文字どおりからだを丸めて小さくなっていました。生きている理由など何もなく、わたしのことなど誰ひとり気にかけてくれていないように感じられたのです。わたしはきっと、このまま年老いてひとりさびしく死に、何匹かの猫がわたしの上をうろつき回ることになるのだろうと思いました。この感覚はこの先もずっと消えることなく、いずれわたし自身を滅ぼすことになるに違いない――そう確信していました。

アルコールを断って初めて孤独を感じたときには、さらにいっそうの恐怖を覚えました。お酒を飲む以外、どのようにしてこの感覚に対処したらいいのか、まったく見当もつかなかったのです。誰かに自分が孤独であることを話すなど、論外でした。というのも、周りの人たちには、自分はしっかりしていて毎日がとても充実していると思い込ませるのに大忙しだったからです。

ある日、12ステップのミーティングで、ひとりの男性が、「さびしいと告白するくらいなら、何か重大な罪を犯したことを認める方がまだましだ」と言いました。部屋は静まり返り、それが何時間も続いたように思われました。やがて、勇敢な人たちが次々と孤独について語り出しました。わたしはその人たちを全員知っていたわけではありませんでしたが、不意に、それまで体験したことのないような深いレベルでわたしたちの魂はつながっているのだと直感しました。そして、安らぎが訪れ、頭のなかで響く声が聞こえました。あなたはひとりじゃない。そのときわたしは自分の依存症の深さを理解しました。依存症だからこそ、わたしはすさまじい孤独を味わい、唯一の解決法は飲酒か薬物使用だと思い込もうとしていたのです。

ミーティングの締めくくりに、『ビッグブック』第6章にある「約束」という項が読み上げられたとき、わたしはそのひとつ――「わたしたちは静穏《せいおん》という言葉を理解し、安らぎを知ります」――が頭のなかでひときわ大きく、はっきりと響くのを聞き、それが自分の魂に染み入ってくるのを感じました。わたしはこの約束に、もうひとつ約束を加えました。それは、安らぎを見つけた結果としてそうなってほしいとわたしが願ったことで、「わたしたちはひとりでいることを楽しむようになります」というものです。わたしは最初、本当にそうなるとは信じていませんでしたが、実際にはそうなっています。

わたしはなぜその後もミーティングに参加しつづけたのでしょうか。そして、なぜ今もなお

12ステップのミーティングに参加しつづけているのでしょうか。おそらくわたしにとって、それは単に断酒に関する集まりではなく、自分自身の心につながり、その結果として他者とも純粋につながっていると感じられる場所だからなのでしょう。今では、心からそう信じています。

ひとりでいられるようになることは、怖いことでした。わたしが一番取り組みたくないことでした。でも、自分の傷つきやすい内的自己から逃げつづけられないことはわかっていました。それは、自分自身を信頼し、自分の感情を尊重できるかどうかということでした。カレン・ドラッカーには、「自分に優しく」というタイトルの歌があります。いつまでも心に残るその美しい歌のなかで、彼女は、「わたしは自分を生まれたばかりの赤子のように抱きしめる」と歌っています。

わたしのスポンサーは、「自分自身を大切にする行動をいろいろとやってみるように」と言いました。わたしは自分のために花を買わされ、ひとりで映画や夕食に行かされました（ああ、なんてことでしょう。これは本当にたいへんでした！）。自分自身のために、まるで自宅でお目当ての男性とデートをしているかのように、豪勢な夕食を用意してみたこともあります。しまってあった陶器を引っ張り出し、テーブルをセットし、キャンドルを灯しました。こうして新しい行動をひとつ練習するたびに、わたしは以前よりほんの少し強くなり、確実に以前より少し自信をつけて、反対側に出ていきました。そういうとき、自分はひとりでいるときのつらい気持ちを克服でき、飲酒したり薬物を使ったりしないでいられるのだということを、身をもって知るのでした。

数多くのクライエントが、「本当の自分」がどういう人間かわからない、自分が何を好んで何を好まないのかがわからないと言います。自分自身の心とのつながりがなく、本当の自分がどういう人間かわからないとき、わたしたちは他者にくっついて、その他者が自分は完全だと感じさせてくれることを期待します。それはまるで、底に穴の開いた空っぽのカップをもって人から人へと渡り歩き、わたしを満たしてくださいと言っているようなものです。そして、空のカップを見下ろしては、「どうしてこんなに虚しく感じるんだろう」と首をひねるのです。

わたしには、心を穏やかにして、自分のハイヤーパワーとつながれるようになる必要がありました。もっとゆとりをもち、ひたすら自分自身とともにいる必要がありました。自分というものを知る必要があったのです。

自分自身を知るのは、初めは厄介でした――新しく、健康的な行動を取るときは常にそういうものです――が、わたしはひとりでいる時間を使って努力しつづけました。そして、その甲斐がありました。傷つきやすい内なる心――わたしを待ちつづけていたインナーチャイルド――を見つけると、わたしはもう、ひとりでいても寂しくなくなったのです。

ひとりで過ごす時間でお気に入りだったのは、海岸沿いを北上するドライブでした。相棒はすばらしい景色と自分だけで、本当にわくわくする体験でした。わたしは自分だけを楽しませればいいという自由を心から満喫することができました。それはさまざまな束縛からわたしを解放してくれました。こうしたドライブはいつしか1泊の遠出に変わり、やがて週末の旅になりました。スペインにも行きました。わたしのスペイン語が英語まじりのお粗末なものだったこともありますが、スペインでは3日間、ほとんど誰とも話さずにひとりで過ごしました。これって、本当にわたし？　あの「人混み大好きパーティ女」のわたし？　もちろん、間違いなくわたしでした。そしてわたしは、実は自分の心のなかの本拠地ともいうべきところに誰かがいることに気づき、その女性に出会い、彼女のことが心底好きになったのです。

　わたしは現在、ひとりだけの時間が大好きです。この時間の確保が何よりも大切で、それが叶わないと、とても不機嫌になります。今もヨセミテ[†1]へのひとり旅を計画中ですが、同行したいと思う相手は自分以外にはいません。これはとんでもない奇跡と言ってよいでしょう。わたしが5日間ハワイにひとりで行ったとき、母は、「どうして誰かに一緒に行ってもらわないの？　さびしくなるんじゃないの？」と言いました。わたしははっきり母に言いました。「わたしが誘いたいと思うのは、自分だけなの。わたし自身だけ、ほんとよ」

　母親がこの深くて暗い孤独感を癒せるようにならないと、その子どもたちにネガティブな影響がおよびかねません。なかには自分の孤独の埋め合わせをしようとして、子どもたちを巻き込んでしまう母親もいます。巻き込まれた子どもたちは息が詰まり、感情面での成長が損なわれる可能性があります。こうした巻き込みは結婚生活を台なしにすることもあります。というのも、何事につけ子どもたちに意識が集中するため、夫婦のためのゆとりや時間がなくなるからです。ひとりになるのが怖いからと言って、妻やガールフレンドがやたらとパートナーにくっつきたがることもあります。そうされたパートナーは、自分の洞窟に逃げ込んで入り口に見張りを立てるようになることもあります。

✚ 断酒を目指す母親が孤独を克服するためのツール

1 しっかり呼吸をしましょう！　静かに腰を下ろし、目を閉じます。深呼吸をし、孤独の痛みを感じているからだの部位に届けます。そんなことをしたら死んでしまいそうだと思っても、これをやりつづけます（安心してください。腰を下ろし、痛みを訴えている心に届く深呼吸をして死んだ人はいません。実際には、この痛みから逃げ出し、依存行動に走るせいで命を落とすのです）。

2 心の内側に深く入り込み、自分のハイヤーパワーの存在を感じましょう。そこで、自分に欠けていると思う力強さ、思いやり、安全、愛を探します。あなたの心はその場所にあなたへのメッセージを用意しています。どんなに時間がかかってもかまいません。そのメッセージが聞こえるまで座りつづけます。それは言葉として聞こえることもあれば、からだの感覚として感じることもあるでしょう。孤独は自分のハイヤーパワーからのテキストメッセージ――あなたと一緒に過ごしたいというハイヤーパワーからのメッセージ――に過ぎないことがわかるようになるでしょう。

3 自分自身をデートに誘いましょう。わたしたちは多くの時間とエネルギーを使って、自分と一緒に何か――たとえば映画鑑賞――をしたいと思ってくれる人を探そうとします。大人の女性になった自分自身の手を取ってチケット売り場に行き、チケットを1枚買い、自分が座りたいと思う席を選んで、その映画を楽しみましょう。

4 やりたいことリストを作りましょう。何をしたいのかわからない場合は――回復の初期段階にいる人はたいていそうですが――子どものころに好きだったことや、子ども時代にしておけたらよかったと思うようなことを考えましょう。あなたは自転車に乗りましたか？　ローラースケートはしましたか？　ダンスやハイキング、演じること、絵を描くこと、楽器の演奏はしましたか？　今日、何かひとつを選んで、実際にそれをやりましょう。生涯それを続ける必要はありませんし、その世界でチャンピオンになる必要もありません。

5 以下のように祈りましょう。「神さま、どうかわたしの虚しさと寂しさを取り除いてください。わたしの心のなかにある暗い場所を明るく照らし、あなたの光でわたしをお導きください。自分があなたにとって大切な存在であることも、自分がなんらかの目的をもってこの地球にいることも、わたしにはわかっています。どうかわたしの人生の目的をお示しください。そして、今すぐ、わたしを進むべき道にお導きください」

◉訳注

1――アメリカ合衆国カリフォルニア州中央部のマリポサ郡およびトゥオルミ郡にある地域で、自然保護を目的とした国立公園がある。

5

お付き合いと教訓になる話

恋人に捨てられた人にも、
別の相手との出会いがまた必ずあります。
——メイ・ウェスト

アルコール依存症のシングルマザーにとって、お付き合いに関する約束事はたいへん複雑です。誰にとっても、お付き合いは地雷原のようなものだと言えますが、回復途上の女性、とりわけ、すでに悲惨な恋愛関係を経験している回復途上の母親の場合、その危険性はさらに高まります。友人のダイアンは、「わたし、アリゾナにいるダメ男とはみーんなデートしちゃったから、カリフォルニアに引っ越すしかなかったのよ」と言いました。何度も失敗すると、自分の「男を見る目」は完全に壊れているように思えるかもしれません。ひょっとしたらあなたは、親密な関係には入らず、ただたくさんの男と寝るだけで、愛を探す場所を完全に間違っているのかもしれません。あるいは、1度もお付き合いをしたことがないまま、愛を見つけるのをあきらめてしまっているのかもしれません。

わたしは、断酒を始めた最初の1年間はお付き合いを我慢するようにと言われ、ばかげている、と思いました。わたしは飲むのをやめて、男を（何人も）ナンパしました。最初の相手は断酒後30日、わたしは90日、わたしのひとめぼれでした。ダメ女がダメ男に惹きつけられたのです。まさにお似合いでした。

次にわたしの犠牲になったのは、わたし同様、3人の子持ちの男性でした。不幸を作り出すには完璧な組み合わせです。お互いに断酒後1年を経過したところで、10歳以下の子どもが合わせて6人になりました。わたしがこんなことになったのは、何者かに仕向けられたとしか考えられませんでした。あるミーティングで「以前のめり込んだことだから、またのめり込んでしまったのでしょう」という言葉を聞いたことがあります。ありがたいことに、わたしたちは一緒に住みはじめるところまではいきませんでした。彼はわたしと別れてから、別の女性と付き合いはじめました。彼女はわたしの知り合いで、のちに友人となったとき、彼がポルノ依存症であることを明かしました。

何よりもぞっとしたのは、断酒後10年が経ち、自分では何もかもまっとうにできていると思っていたころに起きた出来事です。わたしは基本ルールを破り、あらゆる危険信号（赤旗）を無視して、回復に入ったばかりの男性とお付き合いをしました（南部の友人のひとりが言うように、「赤い旗が見えたからって、それはパレードが街にやってきたってことじゃないの」です）。彼は離婚したばかりだと言いましたが、わたしはほどなく、彼が実際には別居しているだけであること、当然ながら家も仕事も車も失ったことを知りました。そんなとき善良なアルコール依存症の女性はどうするでしょうか？　子どもたちのいる自分の家に彼を同居させたのです。なんてこと！それから2年間、わたしは絶望的な気持ちで、まだ「元妻」にはなっていない女性との結婚に彼が終止符を打つのを待ちました。そして、とうとう期限を設け、「ここから出ていってちょうだい。完全に離婚するまでは電話もかけてこないで」と、彼に言いました。それからすぐに、フレズノ刑務所からコレクトコールがかかってきました。彼が4度目の飲酒運転で捕まったというのです。わたしは保釈金を払いませんでした。その夜、わたしは彼の妻に電話をかけ、彼が投獄されていることを伝えました。会話の途中、わたしの病んだ心は尋ねずにはいられませんでした。「彼がわたしと暮らしていたとき、あなたは彼と寝てたの？」返事はいくらなんでも「ノー」だろうと思っていましたが、意外にも、なんと「イエス」でした。

わたしはめちゃくちゃな人間関係のなかでこのように必死に愛を求めようとしていましたが、ついに、自分にはアルコール依存症以外にも依存症の問題があることを認めざるをえなくなりました。わたしの症状はどんどん悪化していきました。かつてわたしがひどく恐れたことのひとつは、失恋したらお酒に手が伸びるのではないかということでした。でも、こうした危機が続いているあいだにも、飲むことはちらりとも考えませんでした。ただひたすら、それまでのレベルを下げるのも追い付かないくらいのスピードで、次のどうしようもない人間関係へと突き進んでいきました。そして、ここでもとうとう底つきを体験しました。わたしは自分の恋愛依存症に取り組むために、セックス・アンド・ラブ・アディクト・アノニマス（SLAA）に行き、新たな回復の旅を開始しました。

AAの最初のスポンサーは1年間お付き合いを控えてはどうかと言いましたが、わたしはそうはしませんでした。でも今度は、SLAAのステップに取り組むために、2年間お付き合いを控えることにしました。それくらい依存症が進行していることを悟ったからです。わたしは、2度と自分自身を失望させるような男性を選択しないと誓いました。

その2年が過ぎると、SLAAのスポンサーは、わたしがパートナーの資質として望んでいることをリストにまとめてはどうかと言いました。そこで、自分が理想とする男性に関するリストを作りはじめました。リストには以下のような項目が並びました。

- 経済的に成功していて責任感がある。
- 正直で信頼できる。
- 美形。
- 楽しいことが好きでユーモアのセンスがある。
- 思いやりがあり、寛容で、心が通じ合える。
- わたしの子どもたち全員とわたしを大好きになれる。

もちろん、当時は、これらはいずれも叶うことはないだろうと思っていました。というのも、わたしは自分に自信がなく、こうした資質を備えた男性がわたしに関心をもつはずがないと思っていたからです。わたしはスポンサーにリストを見せ、彼女が賛同してくれたらいいなと思いました。でも、彼女は賛同する代わりに、「リストにある資質をすべて備えた人間になりなさい。そうすれば、望みどおりの男性の心を惹きつけられますよ」と言いました。

15年間、わたしは懸命に自分自身の課題に取り組みました。埋め合わせをたくさんする、自分のハイヤーパワーを探求しながら必死に祈るなど、12ステップを実践し、セラピーをたくさん受け、毎日出勤し、自分自身を笑い飛ばせるようになり、今や自分のなりたかった自分になっています。少なくともたいていの時間は。

現在わたしは、リストにある資質を備えたパートナーにふさわしい人間になっていると確信していますし、もう基準以下で妥協するつもりはさらさらありません。

✚ 断酒を目指す母親が健全なお付き合いをするためのツール

1. パートナーに望む資質をリストにまとめましょう。そして、そのリストにある資質を備えた人間になれるよう、努力しましょう。
2. お付き合いに関する祈り。「わたしの中にあるハイヤーパワーとつながる部分、ハイヤーセルフさん、どうかわたしがあなたの愛を感じられるよう、力を貸してください。

そして、あなたを愛するのと同様に、わたしがわたし自身を愛せるよう、力を貸してください。あなたがわたしを、ありのままで愛すべき人間として形作ってくれたこと、わたしは他の誰にもなる必要がないことをよくわかっています。どうか過去の傷を癒せるよう、力を貸してください。わたしはかつて、自分は愛されるに値しない人間だと思い込んでいました。愛情にあふれた安心できる人びとでわたしを囲み、もしわたしがパートナーを見つけるべきだと思うのなら、あなたがわたしのために選んだ人のもとにわたしを導いてください」

③ 信頼している友人に協力を求めて、お付き合いのコーチになってもらい、その女性に対して正直になりましょう。交際相手との関係に赤い旗がちらついたら、それは危険信号であって、パレードが街にやってきたわけではありません。そのことを思い出させてくれるよう、友人に頼みます。その場合は、一歩後退して、自分のしていることをじっくり見るべきです。冷静になることを思い出させてもらう必要もあるかもしれません。

④ 子どもたちが18歳未満の場合は、ふたりの交際が1年以上続き、互いに深い関わりをもつようになるまで、その交際相手を子どもたちに紹介しないことです。その状況について責任をもって報告することを、友人なり、スポンサーなり、お付き合いのコーチなりに誓いましょう。

6

お金、お金、お金

女性にとって、自らを守るのに一番役立つのは、ちょっとした額の自分のお金です。

――クレア・ブース・ルース

わたしのクライエントやわたしのスポンシー[†1]に見られる再使用の引き金として、特に目立つのは、恋愛とお金の問題です。薬物やアルコールに依存する者として、わたしたちはたいていお金の問題を抱えています。わたしたちには、健全な人間関係を築けるようになることも必要ですが、同様に、お金との健全な関係を築くことも必要です。たいていの人は、自分が抱えているお金の問題について話すくらいなら、心の奥深くに隠している秘密や性生活について話すほうがましだと思っています。

わたしのお金との関係はどこから見てもうまくいっていませんでした。わたしは結婚してからよく、考えもなしに衣類や靴などを買いに出かけ、夫に見つからないようにバッグを隠しました。夫が「それは新しく買ったもの？」と訊いてくると、わたしは「ずっと前からあったわよ。あなたが気づかなかっただけ」と答えたものです。それに、しばしば食費を水増ししたり、子どもたちの貯金箱からお金をくすねたりもしました。

　断酒を始めてから5年目のころ、お金に関する底つき体験をしました。6万ドルの借金があり、ほとんど首が回らなくなっていました。わたしは高級住宅地で3人の子どもを育てているシングルマザーでした。高い収入はありましたが、貯蓄する気持ちは皆無で、いつも収入以上のお金を使っていました。わたしは恥じ入り、困り果て、怖くてたまらなくなりました。溜まっている請求書は恐ろしくて開けません。夜はお金のことが心配で、横になってもまんじりともできません。お酒を飲みたいと思う日が何日もありました。不安でしかたなかったからです。ほとんど絶望の淵に立っていましたが、そんなとき、AAで知り合ったテリ・Dという名前の女性とばったり出会いました。彼女に「調子はどう？」と尋ねられ、わたしはわっと泣き出して、本当のことを話しました。すると、彼女は自分の回復体験を話してくれました。

　彼女は、自分の不幸の大半が経済的不安定に対する恐怖と関係していることに気づいたそうです。このことは、AA『ビッグブック』の第4ステップに関するセクションでも確認されています。彼女はわたしを笑わせてくれました。彼女が初めてデターズ・アノニマス[†2]のミーティングに参加したときのことです。自分はホームレス（バッグ・レディ）になるのが怖いと話したところ、プログラムにいた男性が、「グッチのバッグを抱えたホームレスかもな」と言ったというのです。テリ・Ｄは、自分の収入が少ないことを認め、自分がお金とどう関わっているかを理解し、その関係性を改善するために対策を講じはじめました。この部分に関しては、わたしには関係ありませんでした。というのも、わたしは以前からずっと、かなりの高収入を得ていたからです。でも、貯畜ができないという点や、金銭面のケアがきちんとできないという点は、自分のことのように感じました。テリ・Ｄは、自分のあがきは低い自己評価と未熟さの現れだとも言いました。ああ、なんということ！　これについては、まったく認めたくありませんでしたが、わたしにも当てはまっていることがわかっていました。

　彼女のコメントは、これまでわたしが世間についてきた嘘に風穴を開けました。わたしはよい身なりをして、高級車を運転することで、自分はしっかりしていると嘘をつきつづけてきたのです。わたしの赤いＢＭＷは、そんな余裕はないのに衝動買いしたものでした。「ROSES R RED」[†3]というバニティ・プレート[†4]までつけていました。

　テリ・Ｄは、どのようにして実際に役立つツールを手に入れたのかを教えてくれました。それらのツールは、のちに彼女の夫が学校に通い、夫妻のあいだにまだおむつの取れない子どもがふたりいた時期に、夫を支え、元気づけてくれたそうです。わたしは、いつか裕福な男性がやって来て金銭トラブルから自分を救い出してくれるのを夢見ていましたが、彼女のコメントはこの夢に巨大な穴を開けることとなりました。そう、彼女はわたしに、なんとデターズ・アノニマス（ＤＡ）のミーティングに行ってみてはどうかと提案したのです。わたしは、「えっ？

そんなばかな！　もうひとつ12ステップのミーティングが増えるなんてイヤよ」と思いました。すでに、ＡＡとアラノン[†5]に行っていたのです。でも、あまりに恐怖が大きかったので、わたしは彼女の提案を受け入れることにしました。

わたしが学んだ最初のステップは、自分の収入と支出について徹底的に調べることでした。自分のお金がどこに消えていくのかをはっきり把握するためだけでなく、自分がお金とどのように付き合っているかを自覚するようになるためにも、わたしにはこうした作業が必要でした。その次のステップは、支出計画を立てることでした。これによって、よりよいお金の使い道を選択できるようになりました。その選択にはわたしの価値観や目的、夢が反映されていました。

初めてＤＡのミーティングに行ったとき、わたしはそのときの自分と同じ状態を経験してきた人びとに出会い、おかげで恥ずかしいと思う気持ちが少しは楽になりました。その日、わたしは借金から抜け出すことを誓いました。その誓いは、４カ月失業状態が続き、掃除機が壊れたときに、試されることになりました。わたしには子どもが３人いて、カーペットは真っ白というわけではなく、掃除機は壊れて動きません。真っ先に思いついたのは、さっさと出かけて、クレジットカードで新しい掃除機を買うことでした。でも、そのとき、クレジットカードでの引き落としはしないと自分に誓ったことを思い出したのです。わたしは小さなハンドクリーナーをつかむと四つん這いになり、パンくずをすべて吸い上げました。

わたしは掃除をしながら、自分を可哀想だと思いましたが、そんなことを思っても状況がよくなるわけではないので、感謝の祈りを捧げてみることにしました。まずはパン屑のことを神に感謝しました。パン屑《くず》があるということは、わたしたちには食べるものがあるということだからです。カーペットと、食べかすが落ちたテーブルのことも感謝しました。それらはいずれも、子どもたちとわたしのために、美しい家のなかに収められたものです。健康に育っている3人のすばらしい子どもたちのことも神に感謝しました。パン屑を落としたのはたぶんこの子たちです。ふと気づくと、わたしは自分の人生に与えられたすべての祝福に感謝して涙を流していました。こうした贈り物はすべて神が与えてくださったものであること、わたしがすべきことは信頼することだけだということに思いいたったのです。そして、わたしはまた、まだいっぱいあった小さなゴミをハンドクリーナーで吸い込みつづけました。

わたしのスポンシーのひとりは失業中で、溜まった請求書の山を前にして、どうしていいかわからなくなっていました。彼女はすっかり無気力になり、請求書の封を開けることすらできず、それらをバッグに放り込んでいました。そうすれば、目に触れないからです。夜になると、子どもたちをどうやって食べさせていったらいいのか心配で、まともに眠ることもできません。わたしは彼女に、「冷蔵庫には食べ物があるし、頭の上には屋根があって、車にはガソリンが入っているじゃありませんか。誰も、今日ドアをノックしてあなたを追い立てたり、あなたの車を差し押さえたりはしませんよ」と言い聞かせました。そして、請求書の詰まったバッグをもって、わたしの家に来るように言いました。

わたしたちは、彼女の小切手帳の帳尻を合わせ、彼女に最低限必要な総額をはじき出しました。彼女がもっているお金の総額と、食糧や家賃、ガソリン代などの基本的な生活費として必要なお金が明確になると、彼女の苦しみも少しはましになりました。それから、わたしたちは1通ずつ請求書を開いていきました。まずは、次の1カ月の生活費を賄うお金を確保した上で、今払える請求書をひと山にまとめました。彼女は何枚か小切手を書き、それらを郵送しました。今払えないものは、別の山にまとめました。わたしたちは債権者に電話をかけ、彼女が今失業中で支払う意志はあるけれども、現段階では毎月5ドルずつしか支払えないことを伝えました。ほとんどの債権者はいい顔をしませんでしたが、わたしは彼女に、「今あなたは、債権者を喜ばせるためにこれをしているんじゃないわ。あなたの自尊心のため、それに、現実としっかり向き合うために、そうしているのよ」と言いました。

つづいてわたしは彼女に、次の職場で現実的に言ってどのくらいのお給料をもらいたいと思っているのかを尋ねました。彼女が数字を出すと、わたしはそれに10%加算させました。というのも、わたしたちはたいてい自分の価値を過小評価しているからです。さらにわたしは、「仕事を見つけることが今のあなたのフルタイムの仕事じゃないかしら」と言いました。「だったら、朝は8時にはデスクに座っていなくちゃならないわね。正午から13時までは昼休みを取るとして、そのあとはまた17時まで働き、その日の仕事を終える時間になったら、今度は、あなたのハイヤーパワーにあなた自身のために働いてもらいましょう。そして、仕事が見つかるまで、週に5日、これを続けるの」

そのほかには、知り合いや過去の顧客全員に履歴書を送ること、ここぞと思う会社には履歴書を自ら持参すること、必死に祈ること、雇用状況は最悪だと言う人を無視することも提案しました。

面接が済んだら、推薦状3通を添えた手書きのお礼状を送るように言いました。1週間経っても企業主から連絡がなかったら、もう空席が埋まったかどうかを確認するために電話をかけるべきであり、もしもまだ埋まっていなかったら、自分が大いに関心をもっていることを相手に気づかせなくてはならないとも言いました。彼女に仕事が見つかり、給料が前職より25％増え、キャリアもひとつステップアップできたことを、わたしは本当に嬉しく思います。

わたしはやがて、安定した職業と着実に入る給料を手放し、独立開業する決心をしました。このとき自分自身の提案――自分のクライエントやスポンシーに提示した提案――に耳を傾けなくてはなりませんでした。やはり助けを求める必要がありましたし、一歩ずつ着実に段階を踏み、必死になって祈らなくてはなりませんでした。わたしはテリ・Dに電話をかけました。彼女は何年も前にわたしをDAに紹介してくれた人物ですが、そのときは、ファイナンシャル・コーチとして自分自身のビジネスを成功させていたからです。わたしはすぐさま彼女を雇いました。彼女の助けがあれば、自分のビジネスは必ず成功するという確信があったのです。テリ・Dとは今も一緒に仕事をしていて、わたしのビジネスは成長し進化して、順調に成功を重ねています。

恐怖や不安に直面したときには、考えることをやめて行動しましょう。そうすれば、物事は収まるべきところに収まり、力が湧いてくるのを感じます。自分を責め立てるのをやめ、自分のやるべきことをやれば、自分に満足できるようになります。感謝の気持ちを込めて支払うべきものを期日どおりに支払うとき、わたしと自分のお金との関係は適切です。わたしはお金を崇拝も過小評価もしませんし、お金にとりつかれることもありません。わたしのハイヤーパワーは、わたしが自由かつ豊かにお金と関わることを望んでいます。それは、わたしがもつあらゆる関係性について、わたしのハイヤーパワーが望んでいることでもあります。

お金のことを曖昧にしておくと、わたしは恐怖に囚われつづけます。小切手帳の帳尻を合わせ、自分の支出を追跡調査すると、解放された気分になります。お金の使い方が荒くなると、罪悪感に苛まれ、手に負えなくなります。

わたしは自分の価値が、財布にも、身に着けている衣服にも、運転している車にも関係ないことを学びました。わたしたちはみな、価値のある存在です。ある辞書によれば、価値とは、「世間や人、なんらかの目的にとって、有益または重要であること」です。今のわたしの価値は、何かを得ることよりも与えることにあります。ＡＡの『ビッグブック』にあるとおり、「よく注意をして、いつの間にか気苦労や自責、不健全な内省に陥ってしまうことがないようにしなくてはなりません。そういう状態になると、他者に対するわたしたちの有益性が減少するからです」（原書86ページ）。

わたしは自分の恐怖がお金とはまったく関係ないことも学びました。もっているお金の多少にかかわらず、わたしが埋めようとしていた穴は、「わたしは今のままでは充分ではない」という感覚でした。わたしが学んだマントラは、「わたしは今のままで充分にもっている、わたしは今のままで充分に行なっている、わたしは今のままで充分だ」です。

わたしがこれでもかとものを詰め込んで埋めようとしてきた穴は、底なしでした。わたしが精神的に健康で、他者の役に立っていると、その深くて暗い穴は、目的意識と他者に役立っているという気持ちで埋め尽くされます。わたしは現在、最善を尽くして、仕事に出かけ、期日内に支払いを済ませ、貯蓄し、慈善事業に寄付をし、自分がしらふであることに対する感謝と自分の人生のあらゆる豊かさに対する感謝を忘れないようにしています。

＋断酒を目指す母親が金銭的に不安定な状況から回復するためのツール

1 支出計画を立てましょう。お金の扱いが得意な信頼できる友人に助けを求めて、予算を立て、自分のお金の管理を適切な形に整理してもらいましょう。憶えておいてください。金銭的に不安定な状況に対する恐怖という怪物は、いったん公にしてしまえば、そのパワーを失います。

2 貯蓄用の口座を開きましょう。毎月少しずつ――たとえ5ドルだけでも――入金します。小さな額でも自尊心を育ててくれます。予想外のお金が入ったら、普段出し入れしている口座ではなく貯蓄用の口座に入れましょう。

3 1カ月間、毎日、買ったものと使った金額を書き出しましょう。これによって、自分とお金との関係性がかなりはっきりわかるようになります。

4 奇跡が起きるのを待ちましょう。わたしの場合、自分のお金の使い方を意識し、自分のすべきことをすると、必要なお金が、しばしば予想外の形で手に入ることがわかっています。

◉訳注

1――スポンサーから助言などの支援を受けているAAのメンバー。
2――借金の問題を抱えた人のための自助グループ。
3――「バラは赤い」の意。
4――割増料金を払って自分で選定した文字と数字を使えるナンバー・プレート。
5――アルコール依存症者家族自助グループ。

7

親密なつながり――本当のわたしを知って

恐怖は親密なつながりの最大の敵です。恐怖のせいで、わたしたちは互いから逃げ出したり、互いにすがりついたりします、恐怖が真の親密なつながりを生み出すことはありません。

――ヘンリ・ナウエン

親密なつながりは人間がもっとも必要とするもののひとつです。人は誰かに真実の自分を、ありのままに深く知ってもらい、受け入れてもらいたいと強く望みます。心や感情の深いレベルで互いにつながりたいと思うこと、自分を知ってもらい理解してもらいたいと願うことは、人間としての根本的な欲求です。こうした欲求をもたない人はいません。誰もが自分は重要な存在であり、この地球に存在するのには目的があるからだと納得したいと思っています。わたしたち女性は母親として、わが子のこの気持ちに応えることができます。

断酒を始める前のわたしは、親密なつながりを求めるこの気持ちはセックスを通して満たされるはずだ、という間違った期待をもっていました。友人のダイアンは言いました。「男と寝るでしょ。でも、翌朝、男はゴルフに行こうと思っていて、わたしたちはウェディングドレスを買いに行こうと思っているのよね」

もうひとつ、わたしが誤って信じていたのは、自分の人生に男性がいるのなら、それは自分が重要な存在だということであり、自分はもう決して恐れも迷いも動揺も感じないだろう、という考えでした。わたしは心が通い合う健全で親密なつながりについて何もわかっていなかったのです。もしも男性が本当にわたしのことを知ってしまったら、わたしなんか受け入れてくれないのではないかと思っていました。お互いを結びつけてくれることを期待して、わたしはたくさんの男性とセックスをしましたが、彼らは明らかにわたしのそんな気持ちはわかっていませんでした。わたしは男性を性的に喜ばせるのが自分の務《つと》めだと考え、そうしなければ、相手はわたしを捨てて別の女性に走るかもしれないと思っていました。そして、長い時間はかかりましたが、無数の苦しみを味わった末に、わたしはやっと自分がどれだけ間違っていたのかに気づいたのです。

さらにわたしは、親密なつながりはパートナーとのあいだだけのものだとも思っていました。自分の子どもたちとの親密なつながりというのがどういうものなのか、さっぱりわかりませんでした。子どもたちが健全な自己感覚を発達させるためには、心が通う母親の存在が必要です。

わたしは子どもたちの近くにいることはいましたが、心はそこにありませんでした。母子のあいだには生来の絆がありますが、依存症ほどその絆を速く破壊するものはありません。わたしは自分の依存症の奴隷となり、感情面はボロボロでした。しらふの状態になったわたしは、子どもたちとともにちゃんとそこにいるようになり、おかげであの子たちは健全な自尊心と安定感を発達させることができました。

数多くのカップルが親密なつながりに苦しみ、親密なつながりの障害になっているものを見つけるためにセラピーを必要としています。はっきり障害だと言えるものはふたつあります。不貞行為と依存症です。そのほかには、見えないところに隠れている可能性もありますが、低い自己評価、未解決の怒り、傷つけられることを恐れる気持ち、非現実的な期待などがあります。こうした問題に進んで向き合うためには――とりわけ長い間それらが否定されたり避けられたりしてきた場合には――信頼と決意が必要になります。

薬物依存症者やアルコール依存症者はたいてい、低い自己評価と未解決の怒りを抱えて12ステップのプログラムにやってくるため、親密なつながりの問題を克服するのに何年もかかることもあります。性的虐待を受けてきた女性も多く、そのトラウマが癒されていないケースでは、親密な身体的つながりを築くのはなかなか難しいかもしれません（これについては第12章でさらに触れます）。ある知り合いの女性は夫とセックスをしていたとき、かつて性的暴行を受けたときのことがいきなり鮮明に蘇ってきました。ベッドから飛び出した彼女は、パニック発作を起こしはじめました。このことについて夫と話し合えるようになるまでには、しばらく時間がかかりました。彼女に恥じ入る気持ちがあったからです。言うまでもありませんが、彼女が夫と性的に親密になれたのは、セラピストとこのトラウマに取り組んだあとのことでした。彼女の夫は思いやりがあり、話がわかる人でした。彼女はやがて、夫と性的に親密になるためには心のつながりを感じることが何よりも必要だということを理解するようになりました。

たいていの場合、子どもは両親の夫婦関係をよく見ているものです。両親は、健全な人間関係を築くための基本的スキルの手本となる必要があります。たとえば、思いやりと愛情を示す、互いをひとりの個人として尊重する、お互いの不完全な部分を受け入れ、間違いを許す、ふたりで質の高い時間を過ごす、傾聴を含む率直なコミュニケーションを維持する、などをして、普段の生活の中で手本を示すことが大切です。

わたしにとって親密なつながりとは、相手に対して正直でいられること、わたし自身でいられることを意味しています。自分以外の誰かのふりをしなくていいので、相手はありのままのわたしを受け入れることになります。親密なつながりに信頼は欠かせません。わたしは、信頼関係を築いている人には本当の自分を――長所も短所も、醜い面も――さらけ出すことができます。「本心を語り、裏のない言葉を使い、不快な言い方をしない」ことが大切だということをわたしは学びました。

相手が望んでいるのはこんな自分だろうと考え、そうあろうとして自分自身をゆがめる必要は、今のわたしにはありません。かつて断酒を始めて90日ほど経ち、自分はしっかりしているというふりをしていたころは、わたしはそうして自分をゆがめていました。「調子はどう?」と人に尋ねられると、たとえ離婚話を進めている最中でも、3人の小さな子どもの子育てに追い立てられていても、心のなかが罪悪感と苦痛と恐怖で占められていても、1日中飲酒欲求と戦っている状況でも、精いっぱいの愛想笑いをして、「とても元気よ」と答えたものでした。「元気」という言葉が、頭がおかしくて、不安定で、神経症的で、気持ちの収拾がつかない状態を意味しているのでなければ、わたしはどう考えても元気ではありませんでした。

ある日、とうとう、ミーティングの最中に、これ以上どうにもごまかしつづけられなくなりました。涙があふれ出してきてしどろもどろになり、必死になって助けを求めました。これがわたしの真の回復の始まりでした。AAのクラブハウスで毎日会っていたエディという素敵なご老人のことをよく憶えています(彼のご冥福を祈ります)。彼は来る日も来る日もまっすぐわたしの目を見て、「あなたは美しい人だ」とわたしに言いました。わたしはたいてい彼の言葉を無視し、「ありがとう」と言って彼を退けました。でも、その日は泣き崩れ、「自分のことをそんなふうに実感できる日が待ちきれないわ」とエディに言いました。エディは、アルコホーリクス・アノニマスの12ステップに取り組みつづければ、すぐに心も容姿も美しいと感じられるようになるよと言って、わたしを安心させてくれました。

わたしが本当の自分をさらけ出したことで、人びとは本来のわたしという人間を知り、ありのままのわたしを愛してくれるようになりました。他者から批判されない場で自分自身をさらけ出したことがきっかけになり、わたしは自分に対して思いやりの気持ちをもちはじめました。

自分のことを本当に知ってもらった、自分は理解されたと初めて感じたのは、スポンサーと第4ステップに初めて取り組んだときでした。わたしは恐れや激しい怒り、悪意、酒びたりだった日々やそれ以前からの精神的な苦痛――これまで自分のなかに押し込み、怖くて誰にも話せなかったあらゆる感情や秘密――をすべてさらけ出しました。スポンサーの彼女はわたしに心を開き、わたしが話した心の奥底のもっとも暗い秘密のひとつは、自分も体験したものだと打ち明けました。彼女がわたしを批判することはなく、わたしは互いの心がつながるのを感じました。彼女は本当のわたしを――わたしの苦しみや孤独や恥辱をすべて――知りました。ここにいるのは、もうあの恥辱を引きずることなく、自分の過去と心穏やかに向き合える女性なのだと、わたしは気づきました。わたしはそれまで、自分は「罪」を犯してきたのだから、神は自分とは関わりたくないだろうと考えていました。わたし自身、けっして自分を許すことはできないだろうと思い込んでもいました。そんなわたしに彼女は言いました。「ローズマリー、あなたのハイヤーパワーはとっくにあなたを許しているわ。さあ、もう自分の過去を手放し、自分を許すときよ」

相手の女性を信頼できたことで、あの恥辱と怒りをすべて放出する水門が開きました。癒しが始まり、わたしは自分の心を再び感じることができるようになりました。過去の記録が並ぶ黒板がきれいに拭かれ、昔のことが水に流された光景が心に浮かびました。わたしはまったく新しい人生を与えられました。今わたしは、もう空のカップではありません。以前は人から人へと渡り歩き、どの人にも、自分のカップを受容と愛でいっぱいにしてほしいと頼んでいました。今、わたしはそのカップを神の愛で満たしています。そして、どう自分を愛したらいいのか、どう自分を好きになったらいいのか、どう自分を尊重したらいいのか、どう自分を許したらいいのかを学んでいます。わたしはありのままの自分をそっくりそのまま人との関係にもち込むことができますし、そのおかげで、健全に愛し愛されるようになっています。これこそが親密なつながりです。

✚ 断酒を目指す母親が親密なつながりを手に入れるためのツール

1. 信頼できるスポンサーもしくは友人のうち、少なくとも2年は断酒していて、中身の充実した12ステップ・プログラムに取り組んでいる人に、恥ずかしいことも秘密も含めて、あなたの体験を話しましょう。
2. 12ステップをすべてやり終えたら、スポンサーになりましょう。そうすれば、あなた自身の親密なつながりの体験を他の女性に語る機会に恵まれます。そこで自分の体験を話し、相手の体験談を聞くのです。

3 毎日鏡に映った自分自身を見て、「わたしには、愛され、敬われ、許される価値がある」と声に出して言いましょう。

4 もしも今、あなたにお付き合いしているパートナーがいて、しかも、親密なつながりについて問題を抱えているのなら、人間関係の問題を抱えるカップルについて治療経験のある有資格セラピストに助けを求めましょう。親密なつながりの障害となっているものが何なのかを学び、セラピストとの作業を通してそれらを癒しましょう。

5 あなたの人間関係の問題や親密なつながりの問題に子どもが含まれている場合は、評判のよい家族療法のセラピストを探し、家族全員で心理療法を受けてみましょう。

8

自分をドラマ化する母親

ドラマは、ただどこからともなくあなたの生活に入り込んでくるわけではありません。あなたが創り出したり、招き入れたりしているのです。あるいは、あなたと関わりのある人がもってくるのです。

——**発言者不詳**

わたしがアルコールを飲み、薬物を使っていたころは、何もかもがドラマのようでした。というのも、たいていの場合、そもそもわたしがドラマを生み出す状況の原因になっていたからです。わたしたちは犠牲者の衣装や不当な扱いを受けた側の衣装を身にまといます。正義のティアラを飾り、女王の杖を振り回し、自分を傷つけたのはおまえだと言い張って、その相手に杖の先を向けます。女王のドレスはもちろん白です。だって、わたしたちは本当に天使そのものだからです。ああ、なんて悲しいことでしょう！

自分をドラマ化する母親モード、言うなれば、「ドラマ・ママ」モードになるとき、わたしたちは何もかも大げさに騒ぎ立てます。現実とはほとんど関係ないストーリーをでっち上げます。みんなを自分の味方につけようとします。自分の状況についてやたらと興奮して、オーバーな物言いをします。5人目の友人に話をするころには、それは自分が主演する悲劇的な映画のストーリーになっています。

このドラマ化行動は、特にそのドラマにもう一方の親が登場する場合、子どもにとってきわめて不健全で有害なものになりかねません。子どもの前で、「あなたたちのお父さんは大バカ者ね。生活費もろくにくれないし、それに、今度の女、安っぽく見えると思わない？」などと言えば、子どもはいつもどちらか一方の側につくことを強いられ、ピンポン玉のような気持ちになります。

「ドラマ・ママ」モードに入っていると、アルコールや薬物を摂取したときと同様、アドレナリンの分泌量が急激に上昇したような状態になり、傷ついたり動揺したりしているときであっても、自分にはパワーがみなぎっているように感じます。わたしは子どものひとりを妊娠していたとき、知り合いから、「あら、あなたが妊娠しているっていうこと、忘れてた。顔がふっくらしているのを見て、やっと思い出したわ」と言われたことがあります。彼女はそう言って笑いました。わたしはそんなことを言われたら傷つくし、そんなふうに話しかけられるのはたまらないと思いましたが、口にはしませんでした。でも、心のなかは激しい怒りでいっぱいになり、5人の友人に電話をかけて、傷つけられた犠牲者としての自分の気持ちをいつまでもぶり返しつづけました。

わたしは自分の言いたいことをはっきり主張する方法を知らなかったので、夫が立ち上がってわたしを助けてくれるのを、しょっちゅう当てにしていました。でも、回復していくなかで、自分をどう扱ってほしいのかを人にわかってもらうのは自分の責任であり、ドラマを使って感情を発散させてばかりいてはいけないことを学びました。回復のプロセスのなかで自分の声に気づくようになり、それまで自分を悩ませていた状況にどう対処したらいいかを学びました。そう、ドラマを演じるのをやめ、自分に正直になり、自分に誇りをもつことにしたのです。

子どもたちや他の母親たちと接するときに身にまとっていた「ドラマ・ママ」の衣装を脱ぎ捨てると、わたしの生活はずっとシンプルになりました。以前は、自分の子を不当に扱う子どもに対して、わたしはすぐに腹を立てました。わが子が不当な扱いを受けると、相手の子どもの母親以外の母親たちに電話をかけ、「メアリーったら、どうして自分の子がわたしの子にあんなふうにするのを放っておけるのかしら?」と吹聴したものです。

ある友人の誕生日会にわたしの娘だけが招かれなかったときには、わたしは娘以上に傷つきました。その子以外の同級生の母親たち全員に電話をかけ、「わたしの子どもを招待しないだなんて、あの子の母親、まったく親としてどうかしてるんじゃないかしら!」と怒りをぶちまけました。頭のなかでは復讐計画を練っていました。そのうち最高に贅沢なパーティを開いて、彼女の娘以外の全校生徒を招待してやろう。それからその母親に会うたびに、にらみつけてやりました。その娘を遊び場でころばせる様子まで思い描くようにもなりました。その後、わたしが友人に、こんな不公平なことってあるかしらといつまでも文句を言っているのを聞いた娘は、わたしの部屋にやってきて言いました。「ママ、いいのよ。あたし、あの子のこと好きじゃないし、パーティに行きたいとも思ってないから」

わたしたちは回復のプロセスをたどりながら、日々の生活のなかでドラマを創りつづけることがどれほどしんどいかを学び、自ら進んで変わろうという気持ちになっていきます。自分の思いだけで行動していると、人生は連続メロドラマのようになり、あらゆる役を演じるようになってしまいます。ドラマを終わらせるためには、ほんのささいなことをいちいち大げさに騒ぎ立てるのをやめること、起きる出来事すべてに対して血を吸う吸血鬼のように「食らいつく」必要はないこと、実際にわたしたちはそれから離れられること、自分のハイヤーパワーを信頼できることを学びます。何というすばらしい考え方でしょう!

「ドラマ・ママ」症候群をめぐるもっともスピリチュアルな水準の振り返りは、「自分がヒステリーを起こしたようになっているとき、それは過去の出来事(=ヒストリー)を扱っている」ということを認識することです。現在発生している興奮状態の大半は、元をたどれば過去に受けた心の傷の可能性があり、それを現在の状況にもち込んでいるのです。わたしたちは回復していくなかで、興奮したらちょっと立ち止まり、適切な考えや行動を求めることを学びます。一瞬そこから離れ、火に油を注がないことです。長年の心の傷や抑圧された感情、激しい怒りは、棚卸しをする第4ステップと第5ステップを実践することで明らかにされ、癒されます。

「ドラマ・ママ」モードを鎮めるには、思考と行動を変えなくてはなりません。この作業は第6ステップの取り組みから始まり、第12ステップまで続きます。特に第10ステップでは、有害な行動に対して即座に対応するツールが提供されます。また、12ステップのグループに支援してもらうことも可能です。誰かに電話をかけ、現在の状況について愚痴をこぼしたいと思っている自分に気づいたら、自分のスポンサーに電話をしましょう。スポンサーはドラマの鎮静化を手伝い、興奮状態の原因となった問題の解決法を見つけられるよう、わたしたちを導いてくれます。わたしたちは「ドラマ・ママ」傾向から脱しはじめ、以前より穏やかで落ち着いた環境を子どもたちのために創り出せるようになります。

✚ 断酒を目指す母親が「ドラマ・ママ」になりがちな傾向を克服するためのツール

1 ストップ！　お願いですからちょっと立ち止まって、よく考えてみてください。「ドラマ・ママ」は、ただ立ち止まって、ひと息入れ、身を引くだけでいい場合もあります。「それって、興奮状態になって自分のこの1日（あるいは数日）を台なしにするだけの価値があること？　それとも、それを放っておこうとするくらいはできるかしら？」と自問するのもいいでしょう。そして、何か前向きなことに注意を向けましょう。友人か12ステップのグループの誰かに電話をかけてください。でも、問題を追体験してはいけません。最初は難しいでしょうが、やがてドラマを手放すことでほっとできるようになります。

2　動揺したり不安になったりしたら、抜き打ち的に棚卸し表を書きましょう。動揺や不安を頭のなかから取り出し、紙の上に書き出すという行為には、不思議な力があります。心の内を書き出してみると、実際にどう感じているのかに気づくことがよくあります。自分の考えや感情を書き留めるというやり方は、あなたの最高の味方になってくれるツールです。自問してください。「わたしはどうして動揺しているのだろう？この不快感の奥にある恐れはなんだろう？」

3　自問しましょう。「ほかにどんなやり方ができるだろう？　わたしは傷つけられる側の立場で考えてみただろうか？」。これらの質問に対する答えを見つけることで、しばしば真の自由を感じるようになり、自分が文句を言っている理由について、多くを学ぶことができます。

4　ガソリンを撒いてマッチを擦るのをやめ、状況を鎮静化させましょう。今日1日だけ、ストレスを減らし、ドラマから離れ、穏やかな「メロー・ママ」になりましょう。

5 もしもまだ第4ステップをやっていないなら、これを行ない、そのあと自分のスポンサーとの面会を予約して、第5ステップを行ないましょう。

6 祈りましょう。「神さま、あなたが今わたしとともにここにおいでになることはわかっています。わたしの恐れを鎮めて、何もかも大丈夫だとわたしにわからせてください。こういうときには、心の温かな思いやりのある人をわたしに届けて、わたしを慰めてください。この状況で何を癒す必要があるのかをわたしにお示しくださっていることはわかっています。わたしが思いやりのある人間になり、わが子のためにちゃんとそこにいられるよう、力をお貸しください」

9

恋愛関係の問題

わたしの場合、捨てられる恐怖を唯一上まわるのは、親密な関係になる恐怖です。

——エスリー・アン・ベア

ＡＡでは、最初の1年間は恋愛をしないようにと言われます。回復に集中するためには、その時間が必要だからです。わたしたちはしばしば、女性がアルコールやその他の薬物にのめりこむ代わりに、親密なパートナーを強く求めるのを目にします。ときにはこの欲求を満たすために、子どものことを二の次にすることもあります。わたしたちは回復途上の母親として、今自分が目指すべきもっとも重要なゴールは、断酒・断薬を継続し、わが子のために安定した安全な環境を整えることだということを忘れてはなりません。母親がやっとしらふになったと思ったら、今度は新たな恋愛対象に夢中になったり、知らない人を家のなかに連れ込んだりするといった状況は、子どもにはいっさい不要なものです。こうした行動は子どもとの距離を広げるだけでなく、しばしばアルコールや薬物の再使用にもつながります。

わたしはアルコールを断つとすぐに、男をつかまえました。わたしのスポンサーは、そんなにすぐに男性と付き合うのはよくないと、わたしに警告しようとしました。でも、わたしは、そうしたガイドラインなど自分には当てはまらないと考えていました。自分はほかの人たちとは違う、ちゃんと対処できる、と考えていたのです。スポンサーは自分の主張が正しいことを示すために、わたしを立ち上がらせ、枕を使ったエクササイズをわたしにさせました。彼女はわたしの右腕の下に枕をひとつ差し込み、「この枕はあなたの回復を象徴しています」と言いました。次に枕を3つ、わたしの左腕の下に差し込み、「これらはあなたの子どもたちを象徴しています」と言いました。最後に、もうひとつをわたしの顎の下に差し込むと、それはわたしのフルタイムの仕事を象徴していると言いました。わたしがぶざまな恰好でそこに立っていると、彼女は最後の指示を出しました。「じゃ、新しい彼氏に手を差し伸べて、彼を抱きしめて」

当然ながら、わたしが腕を差し伸ばすと、枕はすべて落ちました。突如として、いやなことに気づかされました。この時点で自分の生活に男を連れ込めば、自分にとって大切なほかのものをすべて失うことを、それははっきり示していました。でも、これだけの証拠を示されても、わたしは彼女のアドバイスには従いませんでした。

そうして、わたしは断酒を始めて90日のころ、しらふになって30日目の彼氏に夢中になりました。あきれたことに、ダメな者同士がくっついてしまったのです。ほどなくしてわたしは友人に、新しい恋人は失業中なので支払いは全部わたしがするのよと愚痴るようになりました。でも、たぶん自分は彼に厳しすぎるのだと思い、不満を漏らしたことを後悔しました。

賢明な友人はわたしに言いました。「ローズマリー、仕事があるっていうのは、毎日シャワーを浴びるのと同じくらい大事なことよ。あなたは、彼に厳しすぎるんじゃない、ただ、自分の基準を下げてしまっているだけよ。何もかもあなたが支払うなんて、あなたにとっても彼にとっても、よくないわ。付き合っている男性に、すべての点で変わってほしいと思うようなら、恋愛する権利なんてないと思うの」

続く会話のなかで、友人はわたしに、「その人、娘さんが大きくなったときに付き合ってほしいと思うような人?」と尋ねました。えっ！　それを考えると、わたしは氷水を浴びせられたように目が醒めました。わたしは回復途上の母親として、自分の行動がわが子たちにとってどういう手本になっているのかをよく考えなくてはなりません。わたしたちはたいてい、ハリウッド映画やメディアから恋愛関係について学びます。そのなかには、たとえば、夫がいないあなたは一人前じゃないとか、正義の味方が今あなたを救うためにこっちに向かっているなどといった嘘も数多く含まれています。でも、子どもたちはテレビや映画を見たり、ラブソングを聞いたりしているだけではありません。あなたをじっくり観察しています。自分に問いかけてみてください。今の自分は、子どもにもそうなってほしいと願う自分でしょうか?

もちろん、生きていくなかで愛や恋愛を求めるのはごく当たり前のことです。ただ、とりつかれたように愛や恋愛を追い求めるようになり、それが強迫観念に変わった場合――この人とともにいるという陶酔感のようなものが必要になった場合――それは、恋愛依存症という名前で知られている別の形の依存症です。この依存症も、ほかの薬物依存症と同様、結果は惨憺たるものになりえます。結婚生活を破壊し、自尊心を打ち砕き、自殺を引き起こす可能性さえあります。

恋愛依存症は、もっとも重要な養護者との健全な絆を欠いた子ども時代初期に始まることがよくあります。この依存症に罹った人は捨てられることに強い恐怖を抱きます。この恐怖はしばしば、幼い子ども時代の拒絶やネグレクト、虐待――身体的虐待、精神的虐待、性的虐待――に起因しています。恋愛依存症者を駆り立てるのは主に、愛情を向けている相手に安心させてもらいたいという欲求です。自分はちゃんとしていて、魅力と価値のある好ましい人間だと、誰かにどうしても言ってもらいたいのです。なぜなら、自分ではそうは思っていないからです。恋愛依存症は、現実や孤独やストレスからの逃避になりえますし、真の親密なつながりを避ける方法にもなりえます。

以下は、恋愛依存症者に共通する特徴の一部です。

- ひとりの人物のことをとりつかれたように考えつづけたり、気にかけたりする。
- 肉体関係だけのパートナーや虐待するパートナーに惹かれるようになる。

• 恋愛の相手を頻繁に変える。
• パートナーがいないと不完全だと感じる。
• 自分自身のケアを軽視する。
• よく知らない相手と性的関係をもったり、恋愛関係になったりする。
• 自分自身で責任を取るのを回避し、相手に救ってもらおうとする。

恋愛依存症はさまざまな形を取って現れます。たとえば、サンディはやたらとデートをしないではいられません。キャンディは執着し、フランシスは夢想の女王です。さらに、アリスは既婚男性や肉体関係だけの男性と付き合う責任回避タイプ、アンバーには恋愛欲求自体が欠けていて、恋愛をあきらめていますし、もう長いこと男性とのデートに出かけたことがありません。こうした行動はすべて、捨てられることや拒絶されること、まるで自分が今のままでは充分でないかのように感じることを恐れる気持ちに起因しています。

わたしは自分自身の恋愛依存症の歴史のなかで、これらのほとんどの役割を経験しています。たとえば少女のころは、夢想の女王フランシスが幅を利かせていました。正義の味方の王子さまが自分をさっと連れ去り、その後ふたりでずっと幸せに暮らすところをしょっちゅう夢想していました。安全だと感じていない少女や両親から愛情たっぷりの注目を浴びていない少女は見捨てられていると感じているため、そうした欲求を満たしてくれるほかの誰かを探しているのかもしれません。わたしたちは回復していく過程で、見捨てられているというこの感覚を癒す方法を見つけます。

わたしが恋愛依存症のなかで主に演じたのはデート魔サンディでした。男に目星をつけると一直線に進み、ひどくなれなれしくして、ほんのわずかにでも相手が自分に注目したとなれば、夢中になりました。こうした恋愛が続く期間は1～3カ月でした。わたしは即席の恋人や愛人、料理人、保証人、精神科医、銀行家、職業相談員を演じました。ある日、「愛してるわ」と言ったかと思うと、翌日にはいきなりさようならを告げていました。期待するほどには効果のなかったこの「何でも修理屋」を演じるのに疲れ果てると、次のターゲットへと移っていきました。わたしは自分のことを魅力的だと思えるようにするのが、わたしのパートナーの役目だと考えていたのです。わたしは再び空っぽの底なしカップをもち、愛と注目を乞いながら男から男へと渡っていきました。カップが満たされることは決してありませんでした。わたし自身がこのまま充分だとは感じていなかったからです。

その後、思いがけず、わたしのパターンが崩壊しました。わたしはある男性と友だちになりました。彼は、わたしのスポンシーのひとりと付き合っていましたが、彼女と別れたとき、わたしの肩にすがって泣きました。わたしは彼の話を聞き、彼を「慰めました」。わたしたちは親密な関係になり、彼はわたしをすてきな旅行に連れていき、わたしにバラの花を買い、わたしのためにディナーを作り、細心の注意を払ってわたしにシャワーを浴びさせてくれました。そして、ある日突然、「前の彼女とよりが戻りそうなんだ」というボイスメールを受け取ったのです。緊急ニュースです。わたしは不意に、彼がわたしにしていたことは、わたしがこれまで一連の男性たちにしてきたことと同じだったと悟りました。

何よりも身が縮む思いがしたのは、自分が立てつづけにデートすることが子どもたちに与えた影響でした。子どもたちは相手が次々と入れ替わるのをその目で見ていました。たとえ子どもは見ていないと思っても、あなたはチェックされています。それは保証します。わたしは交際中の男性と何時間も長電話をすることがよくありました。5歳になる息子はわたしを電話から引き離そうとしましたが、わたしはたびたび息子にテレビを見に行きなさいと言いました。息子にはわたしが必要でした。わたしは家にいるにはいましたが、心は出払っていたのです。わたしは子どもたちと一緒にいることよりも、男性との電話を選びました。子どもたちのスポーツ・イベントよりもデートを選びました。実のところ、認めたいと思う回数以上に、子どもたちより男性を選んでいました。かつてアルコールを利用したように、今度は男性を利用して、親業や仕事、家庭を切り盛りすることのプレッシャーから逃げていたのです。わたしはいつも忙しい状態で、そのことにおびえ、疲れ切り、打ちのめされていました。性懲りもなく、自分を救ってくれる男性がいるはずだと思っていました。結婚生活がうまくいかなかったのは、選んだ相手が悪かったのだと考えました。次々とデートを重ねながら、自分にぴったりの男性を見つけようとしていました。もし見つかれば、ささやかながら完璧な家庭を作り上げ、「その後ずっと幸せに暮らす」という夢想を実現できるのですから。

わたしが恋愛関係の問題から回復する旅に出たとき、ミーティング会場にいる女性たちはわたしの手を握り、どうしたら子どもたちのためにちゃんとそこにいられるのかを教えてくれました。ある晩、わたしはプログラムで知り合った友人に電話をかけ、子どもたちのためにあれこれしなくてはならないことを愚痴りました。まだ夕方で、夕食の準備をしなくてはならなかったし、子どもたちの宿題を見なくてはならなかったし、皿洗いと洗濯があり、気難しい子どもたちが3人、わたしを必要としていました。わたしはその女性に、これから2回目のＡＡのミーティングに大急ぎで行くつもりだと言いました。すると女性は、「ひょっとして、あなた、母親としての責任から逃げ出そうとしていない？　あなた、好きになった男に会えると思って、ミーティングに行こうとしていない？」と言いました。わたしは返す言葉もなく、その場で凍りついてしまいました。

彼女はわたしに言いました。「ミーティングには出なくていいから、熱いバブルバスに入って、今日はお皿洗いのことも洗濯のことも忘れるのよ。この電話を切ったらピザを注文して、子どもたちと一緒に座って、今日はどんなだったか、子どもたちに訊いてみたらどう？」。彼女はもうひとつ、すばらしい提案をしてくれました。「もしも子どもたちが決めた時間に宿題をやり終わったら、30分間、みんなで寄り添ってテレビを見るっていうのはどうかしら？」

その夜、子どもたちをベッドに入れ、わたしも自分のベッドに潜り込んだとき、母親として、わが子たちのためにちゃんとそこにいられたことに報われたような感じがして、とてもよい気分になりました。これは、男性と会って得られたかもしれないどんな陶酔感よりもはるかにすばらしいものだと実感しました。

それと同じ年、回復途上の親友のひとりが恋愛依存症で苦しむのを1年間目の当たりにしました。彼女は、新しい彼氏と彼のポルノ依存症の餌食になるまでは、元気で美しく、存在感のある女性でしたが、恋愛依存症が進むにつれ、心の光が薄れはじめ、しまいにはほぼ消えてしまいました。この時期、わたしは彼女と一緒にいることがありましたが、そんなとき彼女はまるである種のトランスに入ったかのようで、完全に心ここにあらずの状態でした。ある日、彼女が実に23回彼に電話をかけ、それでも彼が電話に出なかったときには、真夜中に幼い子どもたちだけを家に残し、彼の家まで車を飛ばすと、窓から家のなかを覗き見るということまでしました。

恋愛依存症から回復しはじめると、彼女には美しい光が戻り、心も再び生きいきとしてくるのがわかりました。わたしが捨てられたことを伝える例のボイスメールを受け取ったとき、彼女はわたしに手を差し伸べ、わたしを初めて、セックス・アンド・ラブ・アディクト・アノニマス（ＳＬＡＡ――恋愛依存の自助グループ）の12ステップ・ミーティングに連れていってくれました。わたしはその場にいることにひどく腹を立て、手を上げて、「わたしがこのプログラムを実践したら、理想の男性に出会えるって、ぜひとも約束してくださいよね」と口走りました。

当時、このプログラムが恋愛の相手を見つけることとは無関係であることを、わたしは知りませんでした。

わたしがひとりのスポンサーとともにＳＬＡＡの12ステップの取り組みを開始したころ、彼女もまた、1年間は男性と付き合うのをやめて、自分がどういうやり方で男性の気を引こうとしているかに注意を払ったらどうかと、わたしに言いました。わたしは自分が人の気を引こうとしているなどとは思ってもいませんでしたが、とにかくやってみることには同意しました。

それから間もない日の朝、わたしはジムに行くため、いつもどおり、ぴっちりした短パンと衿ぐりが大きくあいたトレーニング・ウェアを着ました。ジムでは、昇降運動用マシンに乗りました。これは、間違いなく部屋中の男性がわたしを見つめて、わたしの踏むステップをカウントしてくれるマシンです。わたしは念入りに部屋を見回しはじめ、アイコンタクトを取ってくる男性を探しました。ところが、どういうわけかその日は、たったひとりの男性の注目も得られませんでした。ノー・ヒットです。わたしはヒステリックに泣きながら、ジムを飛び出しました。その瞬間、自分がジムに引き寄せられていた理由の一部は、男性たちから得る注目だったのだとわかりました。このことについてスポンサーに話すと、彼女はジム通いをやめること――そして、セクシーな男性トレーナーとのワークをやめること――を勧めてきました。このトレーナーと過ごした週2回のセッションは、自分を特別な存在だと感じさせてくれました。彼は1時間ずっと、一心にわたしに注目してくれたからです。でも、そのとき、自分は陶酔したくて彼を利用していたのだと気づきました。

恋愛依存症から回復する前、わたしは、男性からの注目を得るために、ありとあらゆることをしました。今となっては笑い話ですが、男性をたぐりよせようとして本当にいろいろな手を使いました。パートナーがどんな自分を望んでいるのかを知ろうと努力し、その役割を演じたものです。そればかりしていたので、本当の自分がわからなくなっていました。

よい例があります。あるとき、格子柄の短パンとポロシャツが定番のすごく地味な男性と付き合っていたことがありました。彼の家族に会いに行くことになったので、格子柄の長ズボンとポロシャツ、それらに合うかわいいピンクのローファーを買い、これでお揃いになるだろうと考えました。ところがどうでしょう、友人たちは、わたしの恰好があまりにおかしいと言って大笑いです。わたし自身はもちろんのこと、友人たちも、そんな出で立ちではわたしが落ち着かないことをよくわかっていたのです。

またあるときには、マウンテンバイクのサイクリングに夢中になっている男性にひとめぼれしたことがありました。彼と一緒の時間を過ごすためにはなんでもしようと思い、わたしは彼に、自分もマウンテンバイクのサイクリングに夢中だと言いました。すると彼は、「じゃ、明日サイクリングに行こうよ」と言うのです。わたしはすぐに買い物に走り、マウンテンバイク、新しいウェア、サイクリング用シューズに手袋、水筒、とんでもなく不快なヘルメットを入手しました。このヘルメットは、美しく整えた洗い立てのわたしの髪を台なしにしました。

わたしは回復していくなかで、誰かを喜ばすために高価でくだらない衣装一式を買う必要のないことを学びました。わたしは今、自分自身を楽しませていますし、自分がどういう人間かを把握しています。そして、自分の依存症はアルコールや薬物、男性の問題ではないということが、再びわかるようになってきています。わたしの中核には、自分は今のままでは充分ではないと言いつづける信念がありますが、この信念を癒すことが回復につながるのです。自分は今のままでは充分ではない、というこの感覚は、依存症の女性の大半にとりついている偽りの考えです。わたしたちはこの感覚に駆り立てられ、もっと愛を、もっと愛をと、いつまでも求めつづけ、自分の価値の裏付けと他者からの同意を求めつづけます。わたしは理想の男性を見つける代わりに、自分の内側の奥深くに隠れていた美しい女性を見つけました。自分を、真の自分を見つけたのです。わたしは自分自身を愛し、自分自身を尊重できるようになりました。自分は魅力的であり、今のままで充分だ、という深い感覚と理解を発見しました。ありのままでいいのです。ある友人がかつて言ったように、「自分は完璧じゃないかもしれないけど、すごいところはいろいろあるの」です。

＋断酒を目指す母親が恋愛依存症を克服するためのツール

1 ラブ・アディクト・アノニマス（LAA）、セックス・アンド・ラブ・アディクト・アノニマス（SLAA）のいずれでもかまわないので、12ステップのミーティング・グループのひとつに定期的に参加しましょう。最初の1年は参加者が全員女性のミーティングに行くことをお勧めします。

2 SLAAのサイト（slaafws.org）にアクセスし、「自己診断のための40の質問」すべてに答えましょう。共依存症者のためのコディペンデンツ・アノニマスのサイト（CoDA.org）を訪ね、「共依存症者の特徴（Characteristics of Co-dependent）」を読みましょう。これらの12ステップ・プログラムはいずれも、人間関係の問題を変化させることができます。

3 恋愛依存症を専門にしているセラピストを見つけ、この問題に取り組むために、1年間そのセラピストのところに通うことを誓いましょう。

4 1年間、デートも、ナンパも、セクシーな装いもやめましょう（これは修道女になれということではありません。他者から「陶酔感」をもらうのではなく、自分を尊重することを学びましょうということです）。

5 1年デートを控えている間（それが難しければ、いっときに1カ月ずつデートを控えている間）、パートナーにこうしてほしいと思うような待遇を自分に与えましょう。相手と自宅でデートをしたつもりになって、自分に豪華なディナーを振る舞うのです（ときには、自分の子どもたちと「デート」することだってできますよ）。テーブルにはきれいなお皿を並べ、キャンドルを灯し、料理の腕を振るい、実際に少なくとも15分はテーブルについて、心づくしの料理をいただくのです。自分のために花を買いましょう。自分宛てのラブレターを書いてもいいでしょう。自分を映画に連れ出し、自分に特別な贈り物をし、ひと晩自分自身から自由になり、パートナーから聞きたいと思っていた言葉を——「君はなんて美しいんだ。心から愛しているよ」などと——毎日自分に言うのです。パートナーにしてほしいと思うことがあるなら、それを自分にしてあげましょう。

6 自分自身の人としての成長と才能の育成に取り組みましょう。わが子との関係改善に取り組みましょう。

10

スーパーママ

わたしは理想的な母親になりたいと思っています。
でも、育児に忙しくて、そこまで手が回りません。
——発言者不詳

赤ちゃんが泣いています。犬が吠えています。夫はいびきをかいていて、向こうの時計を見ると、ベッドに入ってからまだほんの5時間しか経っていません。あなたは赤ちゃんをつかむようにかかえ上げ、犬を外に出し、コーヒーポットのあるところまで夢遊病者のように歩いていきます。台所のシンクには前夜のお皿が積まれたままで、赤ちゃん用のミルクは切れています。ミルクを買いに店に走りますが、コートを羽織ってパジャマを隠し、足元は部屋履きのままです。家に帰り着くころには、ほかの子どもたちが朝食をほしがっています。その子どもたちには適当にシリアルを与え、お弁当を用意します。つづいて子どもたちを車へ急かすのは、学校と保育園への相乗りの車にまた遅刻したからです。ああ、それでもあなたはまだパジャマの

10 スーパーママ

ままです。

家に戻ると、やっと最初のコーヒーをカップに注ぎます。そこへ、ゆっくり眠った夫が起きてきて、これならちょっとイチャイチャできるぞと、あなたが家に戻ったことを喜びます。あなたは、「ふざけないでよ!」と金切り声を上げます。夫は驚いてあなたの顔を凝視します。あなたがどうしてその気にならないか、まるでわかっていないようです。夫はきびすを返し、ふてくされてシャワーを浴びに行きますが、あなたに大声で言います。「ぼくのシャツにアイロンをかけて、コーヒーを1杯、もってきてくれるかな? ちょっと遅れているんだ」

今、時刻は午前8時15分で、あなたはすでに疲労困憊です。夫はあなたに行ってきますのキスをし、玄関から飛び出しながら、今夜は遅くなると言います。あなたはシャワーを浴びようと思って2階に上がりますが、そこに電話が鳴り響きます。それは娘が学校からかけてきた電話で、お弁当を忘れたと言うのです。不意に、今日は定刻に出社して、プレゼンをしなくてはならなかったことを思い出します。昨夜、その準備を終えているはずだったんだけど……。もうシャワーを浴びている暇はまったくなくなりました。

この場面展開に思い当たる節はありますか? スーパーママになろうとすると、こうなります。みんなを喜ばせようとして、終わりのない「やることリスト」をもって狂ったように走り回り、最後はボロボロに疲れ切ってしまうのです。

回復の道をたどりはじめるまでは、わたしの生活もこんなふうでした。わたしはすべてをやり遂げて、完璧な母親、完璧な妻、完璧な社員になりたいと思っていました。クリスマスカードにあるような非の打ちどころのない生活を送りたかったのです。何事も見てくれが重要でした。家は、誰も住んだことのないモデルハウスのようにピカピカでなくてはなりませんでした。子どもたちが身に着けるものは、それぞれによく似合う流行の最先端のものです。自分のからだはしっかり引き締まっていて、スリムでなくてはいけません。でも、世間に後れを取るまいとするのは、やたら疲れるだけでなく、できるはずもないことでした(だいたい、世間って誰のことでしょう?)。そして、そうしようとするのは、わたしの回復プログラムや回復の原則と相容れないことでした。

わたしは数多くの女性たち――わたしのクライエントやスポンシー、友人たち――がスーパーママのマントをつけて町を飛び回るのを何年も見てきました。あるクライエントは、休む暇もない自分のスケジュールについてわたしに話しました。彼女の1日のスケジュールは朝6時の起床に始まり、まずは家族の朝食を用意します。終わるのは、子どもたちが眠り、皿洗いを終え、家を再びピカピカにし終わった夜11時です。彼女は週6日勤めにも出ていました。わたしは彼女に、休日には何をしたか尋ねました。彼女は笑って、翌週の準備に使ったわと答えました。洗濯をし、食材の買い出しに行き、この1週間にする時間が取れなかったその他の細々したことをすべて処理したというのです。そこで、「ご主人は何を手伝ってくれたの?」と尋ねましたが、この質問をしたのは間違いでした。彼女はまばたきひとつせず、「彼はいっさい手伝いません」と答えました。以前にはよく手伝いを頼んだけれど、夫は何もしてくれず、いつもがっかりするのにうんざりして、頼むのをやめてしまったそうです。

彼女の声に苦痛と絶望を感じたわたしは、少し中断して、しばらく黙って一緒に座っていることにしました。やがて彼女の顔を涙が伝いはじめました。こらえようとしているのがわかりましたが、わたしは、「流したい涙は流したらいいのよ」と言って彼女を励ましました。かつて母が、涙は心の痛みを洗い流してくれる天使だと言ったことがあります。わたしは彼女とそのまま5分ほど一緒に座っていました。そのあいだ、彼女は泣きつづけました。

そのセッションは、月に2回ハウスクリーニングの業者を入れることを彼女が約束して終わりました。けれども、彼女がセッション後に本当に憶えておかなくてはならないのは、自分がなぜそんなに猛スピードで走り回り、何もかもやり過ぎてしまうのか、なぜそうすれば絶望しなくて済むのか、その理由を自覚することでした。

立ち止まったら、今のままでは充分でないという気持ちになる——そうならずに済まそうとして、スーパーママのマントをつけ、稲妻より速く飛び回る母親を、わたしは（自分自身を含めて）たくさん見てきました。わたしがそんなクライエントに教えるマントラは、例の「わたしは今のままで充分にもっている、わたしは今のままで充分に行なっている、わたしは今のままで充分だ」です。

スーパーママを演じていると、子どもたちにはどんな影響がおよぶのでしょう？　わたしたちはこのことについて、立ち止まって考えることはめったにありません。そういう母親をもつ子どもたちは、母親というものは何もかもしなくてはならないと信じて成長します。加えて、最近では、多くの子どもたち自身が過密スケジュールで、あっちへこっちへと引き回されています。朝6時半起床、終日学校、放課後は暗くなるまでピアノのレッスンからサッカーへと走ります。やっと帰宅しても、今度は3時間かかる宿題を始めなくてはなりません。子どもたちが――自分の母親と同じように――ストレスにやられ、疲れ果て、怒りっぽくなっているとしても、なんの不思議もありませんし、また、母親同様、アルコールや薬物に頼ったとしても、なんの不思議もありません。

さらに、パートナーの助けも金銭的な支援もなく、以上のことをすべてやってしまうシングルマザーもいます。離婚後も別れた相手と子どもの養育を分担し合うシングルマザーは、子どものケアをもうひとりの親と調整するという余計なストレスも抱えます。

多くの母親が、やらなくてはならないと思っているあらゆることをやり遂げられるようにという思いだけから、「ママの小さな秘密」と言われる薬物、アデロール[†1]（もしくは他の精神刺激薬）を摂取しています。4人の子どもをもつある母親は、ひとつかみのアデロールを頻繁に飲むようになったそうです。そうすれば、家を掃除してすべての洗濯をし終わる午前2時まで起きていられたからだと言いました。彼女は、アデロールのことを、スライスした食パン以来のすばらしい人類の発明であると思っていましたが、そう思えていたのも、アデロールの使用では足らなくなり、覚醒剤（メタンフェタミン）を吸うようになるまでのことでした。午前1時にガレージで覚醒剤を吸っているところを13歳の娘に見つかったとき、彼女はもはや助けを求めるときだと確信しました。これはすべて、陽光あふれる南カリフォルニアの海に面した豪邸で起きたことです。

わたしが支援しようとしたもうひとりの母親は、目醒めてから1日中ザナックス[†2]を飲んでストレスに対処し、眠れるようにと毎晩アンビエン[†3]を飲んでいました。彼女はこのことについて、ごく普通の行動だと思っていました。というのも、子どもの遊び仲間の母親たちはみな、そうしていたからです。不幸なことに、彼女は運には恵まれていませんでした。彼女の子どもたちも同様です。過剰摂取が原因で、子どもたちは母親を失いました。何もかもしようとすると、文字どおり命取りになりかねません。

ああ、ついにスーパーママのマントを脱ぎ捨てたとき、わたしはどれだけほっとしたことか！みんなのためにすべてを引き受けて、誰ひとり自分のためには動いてくれないというのは、本当にきついことでした。わたしたち母親はしばしば、ほかのみんなの欲求を自分の欲求より優先させ、食べ物、睡眠、衛生などの基本的欲求も含めて、自分自身のための「やることリスト」に気づきません。わたしは実のところ、自分がマントを脱ぎ捨てたのに、世界が自分なしでも崩壊しなかったことに大きなショックを受けました。ほっとすると同時に、がっかりもしました。

わたしは、前夫と別れてすぐのある晩のことをよく憶えています。子どもたちはそれぞれ、8

歳、5歳、2歳でした。その晩、子どもたちは前夫と過ごすことになっていましたが、子どもたちに必要不可欠だと思っていたものを届けようと思い、わたしは前夫の住まいにちょっと立ち寄りました。ところが、不可欠だと思っていたのはわたしの思い込みで、それは実際には余計なものでした（わたしが届けようとしたのは、実は、自分がいないと子どもたちはダメなんじゃないか、というわたし自身の恐れでした）。ワンルームのアパートに入ったわたしが目にしたのは、音楽が流れるなかで、美味しそうな料理を作っている前夫と、テーブルをセットしながら踊っている子どもたちでした。わたしはショックのあまり、自分があれこれ仕切らなくても、みんなどうにかやっているという事実を受け入れるために、長椅子に座り込まなくてはなりませんでした。

回復中にわたしがしたことのなかでも特によかったのは、月曜の夜は丸ごと自分のために使うと自分に誓ったことでした。子どもたちは毎週、月曜の夜は父親の家で過ごしたので、この時間は、わたし以外の全世界に対してノーと言い、わたしとわたしの幸せに対してイエスと言う、わたしだけの夜になりました。仕事も家の掃除も、ミーティングも、デートも、外出もいっさいありません。こうした時間を確保したことで、わたしは心の健康を取り戻しました。その上、おおいに子どもたちのためにもなりました。わたしは以前よりもしっかり地に足をつけて子どもたちのためにちゃんとそこにいられるようになり、落ち着きも増し、母親であることの難題と恩恵のすべてに対応できるようになりました。

ベビーシッターを雇うことで自分の時間を見つけた女性もいます。聞くところによれば、彼女はベビーシッターが到着すると、表玄関から出ていき、その後、裏口からこっそり家に入って、忍び足で2階の自分の部屋に行き、ひと眠りするのだそうです。

✚ 断酒を目指す母親がスーパーママをやめるためのツール

1 自分の時間とエネルギーを確保するために、このあとの頼まれごと10件を断わることができるという許可証を自分自身に与えましょう。丁重に断るには、「わたしに頼んでくれてありがとう。でも、その時間には先約があるの」と言うことです。ただし、その先約が自分のお昼寝タイムであることは心得ておかなくてはなりません。

2 コラムニストのアーマ・ボンベックの意見に耳を傾けましょう。「うちの子たちが羽目を外して手に負えなくなると、わたしは快適で安全なベビーサークルを使います。騒ぎが収まったら、そこから出ます」

3 「タイムアウト」を取りましょう。あなたの子どもが幼いなら、ビデオを観せましょう(たとえ子どもたちがそれを観るのがその日5度目であっても)。子どもたちが安全であることを確認してから寝室に行き、しばらくの間ドアに鍵をかけます。

4 今日しなくてはならないと思うことをすべて、リストにしましょう。次に、各項目を見直し、「もしわたしが今日これをしなかったら、世界は滅びるかしら?」と自問します。さあ、スーパーママのマントは燃やし、冷蔵庫の扉に「あなたの緊急事態は、わたしの急務ではない」と表示しておきます。あなたの新しいマントラは、「わたしは今のままで充分にもっている、わたしは今のままで充分に行なっている、わたしは今のままで充分だ」です。洗面所の鏡に赤の口紅でこれを書きましょう。冷蔵庫の扉にも表示しておきましょう。車のダッシュボードにも書いたものを貼り、子どもたちや夫のおでこにも貼りましょう。それでも効き目がなければ、タトゥーを入れましょう。

◉訳注

1——ADHDの治療薬デキストロアンフェタミン。

2——抗不安薬アルプラゾラム、日本での商品名はソラナックスもしくはコンスタン。

3——睡眠薬ゾルピデム、日本での商品名はマイスリー。

11

怒り

真実はあなたを自由にするが、
最初はあなたをカンカンに怒らせるだろう。
——グロリア・スタイネム

たいていの男性は仲間と激論を交わしても、済んだことはさっさと忘れることができます。お互いに背中を叩き合って、笑いながら別れます。どうやら、怒りは人生のごく自然な一部であると教わってきたようです。

一方、女性はたいてい、正反対のメッセージを受け取っています。わたしたち女性は、怒ることは（あるいは本当の気持ちを正直に表現することさえ）、どういうわけか悪いことだと学びます。おそらく、家族内の女性たちがありとあらゆる不公平を心の奥深くに押し込みつつ、「歯を食いしばって、それに耐える」姿を見てきたのでしょう。なかには、感情が必要かつ重要なものだと教わらなかった女性もいます。その結果、人や出来事に失望する苦痛に直面すると、怒りを内面に向け、そうした感情を抱いたことについてさえも、自らを責め立てます。それらの感情は行き場がなくなるため、わたしたちはそれを鎮めようとして、アルコールや他の薬物に向かうのです。

わたしたちは自分の怒りを表現するための健全な安全弁をもっていません。どのようにしたら攻撃的にならずに自分の意見を主張できるのかがわかっていません。社会はしばしば女性を不当に非難します。政界や芸術界の実力ある女性がよい仕事をしたいと思うだけで、キツいだの偉そうだのと言われるのを、いったい何度聞いたことでしょう。同じような資質をもった男性なら、決断力があるとか精力的だと言われるのではないでしょうか。

断酒してしらふになったあと、かつての失望や苦痛が浮かび上がってきたとしても、なんの不思議もありません。いきなり昔の激しい怒りの感覚に襲われたように感じて、驚かされることもあります。首や背中がこわばり、大声で叫びたいような、何かを殴りたいような、泣きわめきたいような気分になるかもしれません。これは自然なことです。こうしたことが起きるのは、「ノー!」と叫ぶ必要があったときや「ノー!」と叫びたかったときに、その怒りを常に押し込めてきたからです。

回復途上の癒しの大部分は、スポンサーやグループセラピーに慣れた専門家とともにセラピーを受け、自分の怒りを正直に表現できるようになることで得られます。わたしは以前、生まれ育った家庭に関するワークショップに出席して、怒りの問題に対処するためにロールプレイを

11 怒り

したことがあります。出席者のひとりであったナンシーが、彼女の父親の役をわたしにしてほしいと言いました。そのグループを運営していたセラピストはナンシーに指示を出し、父親だと思ってわたしを見つめ、なぜ怒っているのかをわたしに伝えるようにと言いました。ナンシーは体を震わせて泣きはじめ、わめきはじめました。「父さん、わたしが小さいとき、わたしのお尻をひっぱたいたわよね。ズボンを脱がせて、膝の上にわたしを乗せて、ベルトで叩いたわよね。わたしは辱めを受けて、犯されているように感じたわ。何より悪かったのは、わたしには力がなかったことよ。父さんはわたしより大きくて、いつまでも叩きたいだけ叩いていられたんだから」

ナンシーはこのエクササイズで疲れ果て、しまいには床に崩れ落ちてしまったので、わたしたちはそこで彼女を慰めました。その後すぐに、彼女は集中的な治療を受けはじめました。これまでずっと、彼女はこの苦痛を抱え込んでいたのです。彼女はこのことを告発する相手はいないと思っていたので、セラピストがこれは児童虐待だと言ったとき、とても驚いていました。子どもはみんな、そういうふうにお尻を叩かれるものなのだろうと思い込んでいたのでした。

ナンシーは抑圧していたあらゆる苦痛や恐怖、憤怒から徐々に回復しはじめました。彼女は護身の講習も受けました。自分が大人として自分自身を守ることができることを知りたかったからです。アサーティブネス[†1]のワークショップにも参加し、自分が必要としていることをきっぱり、かつ、丁寧にお願いするにはどうしたらいいかを学びました。ナンシーは今、自分自身の癒しを求めて戦っている、恐れを知らない戦士です。彼女は、自分をどのように扱ってほしいのかは他者に伝えなくてはならないこと、断固として「ノー」と言っていいのだということを学びました。

断酒の取り組みでは、誰もが体験する人間的な感情としての怒りと正面から向き合い、その怒りを受け入れることを学びます。12ステップ、特に棚卸しのステップ（第4と第5）を行なうことによって、怒りの奥にあるのは、本当は恐れ——今ある何かを失うのではないか、望んでいる何かが得られないのではないかという恐れ——であることがわかるようになります。わたしは怒ると、自制心がなくなるのを感じていました。わたしには自分の感情に対処するツールが何もなく、わたしはそのことが怖くてたまりませんでした。大声を上げてわめくのが怖いとき、わたしは苦痛と悲しみのなかに直行しました。わたしは自分の怒りを、ふくれること、すねること、被害者を演じることで表現していました。わたしを怒らせたり、わたしにひどいことをしたりした相手に仕返しをする筋書きをよく練ったものです。12ステップは、怒りに対処し、自分自身を守り、誰かに埋め合わせをしなくてはいけないかどうかを見きわめるツールをわたしに教えてくれました。

わたしは、前夫にひどく腹を立てていたことをよく思い出します。離婚して間もないころ、わたしたちは直接会って話しても、電話で話しても、Eメールをやり取りしても、必ず激しく争うことになりました（そのあと、メールの返信がなくて、本当によかった！）。子どもたちが同乗している車のなかで、わたしはよく電話で前夫にわめきちらしたものです。この喧嘩は、結婚当初の喧嘩とまったく同じでしたが、罪悪感や恥辱、離婚によって子どもたちが受ける影響を恐れる気持ちは、たえずわたしを悩ませつづけました。

ある日わたしは、こんな喧嘩はやめなくてはならないことに気づきました。話の途中で前夫との電話を切り、子どもたちに前夫がどんなにひどい人間かを言い立てはじめたときのことです。9歳の娘が、「ママ、あたし、ママがパパのことをそんなふうに言うの、聞きたくないわ」と言いました。5歳の息子は、「そうだよ、ママ。人の悪口を言うのはよくないよ」と言いました。わが子の言葉に身じろぎできなくなる瞬間、真実をつくその言葉に一撃を喰らったようになる瞬間と言えばおわかりでしょう。そう、これはそうした瞬間のひとつでした。

わたしは自分のスポンサーに電話をかけてこの喧嘩のことを話し、彼女が魔法の杖をひと振りして、わたしの怒りと罪悪感を消してくれることを期待しました。さらにわたしは、前夫がどれだけひどい人間かという点について、彼女がわたしに賛同し、わたしを気の毒に思ってくれるだろうと考えました。ところが、彼女は、わたしが前夫のことをどんなにひどい人間だと思っているかなど聞きたいとは思ってくれませんでしたし、わたしを気の毒に思っているふうでもありませんでした。その代わりに、「興奮したら、ひと呼吸置くのよ」と言いました。わたしはいよいよ興奮して、きっと彼女はわたしの話をちゃんと聞いていなかったのだと思いました。何よ、「興奮したら、ひと呼吸」って。ふざけないで。

彼女はわたしに、ＡＡの『ビッグブック』の87ページと88ページを読んでいらっしゃい、と言いました。それに加えて、前夫に電話をかけ、自分の振る舞いを申し訳なく思っていると伝え、子どもたちには、父親に向かってわめき立てたことと父親の悪口を言ったことを謝ってはどうかしら、と言うのです。わたしは唖然としました。

けれども、翌朝になっても、彼女の提案は頭のなかでぐるぐる回っていて、わたしをそっとしておいてくれません。そこで、彼女の助言を試してみることにしました。前夫に電話すると、彼のボイスメールが始まったので（よかった！）、怒鳴って悪かったわ、と短いメッセージを残しました。子どもたちにも謝りました。前夫に怒鳴ったことについては、さほど悪いとは思っていませんでしたが、子どもたちに謝ったことで、気分はましになりました。

その夜、わたしは夢を見ました。前夫とわたしはレンガの壁のあちら側とこちら側に立っていました。わたしは壁からレンガを1個取り、前夫に投げつける代わりに、自分の後ろにそれを放りました。それはまるで、ふたりのあいだにある怒りをすべて取り除くためにそうしているかのようでした。次に前夫がレンガを1個取ると、渾身の怒りを込めて、それを自分の後ろに投げました。わたしたちはレンガを1個ずつ、ふたりの間の壁からもぎ取りつづけました。レンガ投げが終わるころには、ふたりとも小さな子どものように笑いながら、それに興じていました。そこで目が醒めたわたしは思いました。もしわたしたちが互いに対して抱いている怒りを取り除くことができれば、ふたりとも、子どもたちが本来享受して当然の愛情あふれる健全なやり方で、3人のすばらしい子どもたちの養育を分担できるんじゃないかしら。激しい怒りを感じている人や場所や物事があって、それにまつわる感情を解決できないというあなたには、どんなときにも効果のあることを提案したいと思います。そう、どんなときにも効くんです。もしあなたがわたしにそっくりなら、きっといやな気分になるでしょう。そんなことはしたくないと思うかもしれませんし、たぶん、わたしのことを頭のおかしなやつだと思うことでしょう。でも、これまで、こんなことをしても効果があるはずないと毎回思いながらも、この提案どおりにするたびに必ず、とんでもない奇跡が起きるのをわたしはこの目で見てきました。

その提案とは、あなたが怒っている相手や物事のためにひたすら祈る、ということです。わたしがどのようにして初めてこれについて知ったかをお話ししましょう。そのときわたしは自分のスポンサーに、前夫の新しい恋人についてグチグチと文句を言っていました。前夫とよりを戻すつもりはありませんでしたが、彼が新しい恋人を見つけたことにショックを受けていたのです。わたしの代わりって、そんなに簡単に見つかるわけ？　これは「大きな声であざけり笑う」というト書きがぴったりの場面ですよ。

わたしはスポンサーが、一緒になってこき下ろしてくれるだろうと思ったのですが、彼女は代わりに、「このあと6週間、あなたが自分のために手に入れたいと思っている成功と愛と幸せをすべて、この女性が手に入れられるよう祈ってあげてはどう？」と言うではありませんか。彼女はわたしの話を――この女性がどんなにひどくて、おかげでわたしの生活がどんなに惨めなものになっているかという話を――聞いていなかったのだと思い、わたしは彼女に、「わたしの話、聞いてなかったの？　わたしはあんなふしだらなクソったれ女、大っ嫌いなのよ」と言いました。彼女は、「わかったわ、じゃ、そこから始めましょう。神さまはあなたの怒りをちゃんと裁けますから」と言います。こんなの、効果があるわけないと思いながらも、わたしはやってみることにしました。

そういうわけで、わたしは1日を以下の祈りで始めるようになりました。「神さま、わたしが自分のために手に入れたいと思っている成功と愛と幸せをすべて、どうかあのふしだらなクソったれ女が手に入れられますように」

1週間もしないうちに「クソったれ」という言葉は取れ、「ふしだらな女」だけを使って祈りを続けるようになりました。しまいには、汚い言葉は使わなくても祈ることができるようになりました。わたしが憎んでいたこの女性は、今、前夫の妻です。わたしは今、彼女はわたしたちの人生に与えられた天の恵みだと言うことができます。彼女は実際、何度もわたしの子どもたちとわたしの力になってくれています。わたしたちの生活は彼女のおかげでとても楽しいものになっています。前夫と彼女には今、ふたりのかわいい子どもがいて、わたしはこの子たちが愛おしくてたまりません。この子たちはわたしに無限の喜びをもたらしてくれています。わたしたちはみんなでクリスマスを祝い、わたしは前夫の家庭で歓迎されています。わたしの怒

11 怒り

り は決して彼女に対するものではありませんでした。わたしが怒っていたのは、前夫には付き合っている相手がいるのに、わたしにはいなかったことでした。

このエクササイズをクライエントやスポンシーに提案したときの反応を、わたしは楽しんでいます。大半は、かつてわたしが自分のスポンサーに感じたのと同じ軽蔑の表情を浮かべて、わたしを見つめます。ジェインという名のクライエントと電話でセッションをしたことがありますが、セッションが終わりに近づいたころ、ジェインはどうにも我慢がならない女性のことを話しはじめました。2分ほど愚痴らせたあと、わたしは話をさえぎり、例の「ふしだらなクソったれ女の祈り」を提案しました。彼女は、「こんなむちゃくちゃな話、初めて聞いたわ」と言いましたが、やってみることには同意しました。

ライフ・コーチをしていて本当によかったと思うことのひとつは、クライエントがボイスメールに残してくれるメッセージを聞けることです。それらの大半は、「ローズマリー、あなたはきっと信じてくれないわ！」という言葉で始まります。でも、これを聞いて、わたしはにっこりします。するべきことをする努力をして、強く執着していたものを手放すと、必ず奇跡が起きることを知っているからです。これはジェインにも当てはまりました。ジェインは毎日、例のお祈りをし、ひと月ほど経ったとき、我慢がならなかった女性と直接会い、それぞれの考えをさらけ出すことにしました。今、ふたりは親友です。ジェインはわたしに、もしこの女性が自分の生活に登場しなかったら、自分は決して今の境遇にはなかっただろうと言います。ふたりは断酒を目指す母親として、あらゆる面で互いを支え合いながら、それぞれの子どもを一緒に育てています。同様のエピソードは話そうと思えば、まだいくらでもありますが、それより、あなたも6週間、自分でこれを試して、何が起きるか確認してみてはいかがでしょうか。

✚ 断酒を目指す母親が怒りに対処するためのツール

1. もしも怒りのせいで心がひどく痛み、自分ではどうにもならないと感じるなら、一緒に取り組んでくれるコーチかセラピストを見つけましょう。
2. 怒りを吐き出しましょう。枕を叩く、車の中で大音量の音楽を聴く、窓を閉めて、声の限りに叫ぶ、など。水のなかに石を投げるのもいいでしょう。怒りを口にしながら、1個ずつ投げていきます。あなた自身も他者も傷つけないやり方で怒りを解放するのです。
3. 第4ステップを書き出し、スポンサーと一緒に第5ステップにしっかり取り組みましょう。

◉訳注

1——自己主張訓練（アサーション・トレーニング）。

12

性的トラウマ

よく言われることだが、人生の早い時期に体験したトラウマは、永久に消えない傷跡を人に残し、「そこにいろ。動くな」と言って、その人を列から引き離す。

――ジェフリー・ユージェニデス

統計によれば、3人にひとりの女性が生涯に少なくとも1回は性的暴行の被害を受けていると言われています。アルコール依存症や薬物依存症の女性はさらに高い割合で暴行を受けたり、なんらかの形の性的トラウマを経験したりするそうです。トラウマは、身体的な損傷の有無にかかわらず、痛烈な苦しみや激しい動揺をもたらす体験だと言うことができるでしょう。こうした体験は幼いころのもの――たとえば、アルコール依存症者の家庭で育ったなど――もあれば、もっと最近の状況や人間関係に端を発するものもあります。いずれにせよ、わたしたちが負うトラウマには、身体的なもの、心理的なもの、感情的なもの、スピリチュアルなものなど、さまざまな側面があります。そして、わたしたちは回復途上のある時点で、こうしたトラウマを真正面から見つめなくてはならなくなります。というのも、それらに対処しなければ、依存症が再発してしまうからです。回復プログラムはセイフティ・ネットの役割を果たし、かつての苦しみや痛み、トラウマはそこに浮上して癒されます。

わたしのスポンシーだったルイーズは回復の初期段階で、長く抑圧されていたトラウマと向き合いました。断酒を始めて90日ほどのころ、パートナーとセックスしている最中に、いきなり本能的な反応がからだに生じました。それがあまりに強烈だったため、彼女はベッドから飛び降り、部屋を飛び出してしまいました。からだがパニック状態になり、彼女は大声で叫びたくなりました。子どものころ、家族の友人から性的な暴力を受けたことを思い出したのです。

幸運にも、彼女はたまたま翌日にセラピストとの予約を入れていました。男性セラピストに性的虐待の話をもち出すことをためらっていると、セラピストは彼女が何かに苦しんでいることを察知し、何があったのかを静かに尋ねました。ルイーズがほっとして、「本当にあったこととは思えないような恐ろしい思い出があるんです」と言うと、セラピストは賢明にもこう答えました。「トラウマとなっている記憶を深く掘り下げて話し合うことは可能ですが、あなたはまだ断酒を始めたばかりで、傷つきやすい状態ですから、その記憶が自らのタイミングで浮上してくるのを待ったほうがいいかもしれませんね」

ルイーズは回復に取り組みつづけましたが、5年経ってもまだ性暴力被害のフラッシュバックがあり、そのほかにも影響が出ていました。そこで彼女は、トラウマとの取り組みを専門とする女性セラピストを訪ねました。このセラピストはＥＭＤＲ（眼球運動による脱感作と再処理）を用いる心理療法を行なっていました。ＥＭＤＲは未解決の重いトラウマに苦しんできた人々に用いられている治療法で、ルイーズがつらい記憶を処理し、その記憶による生活への影響を軽減するのに役立ちました。このセラピストの説明によれば、子ども時代に受けた性的虐待はその本質から言って、それが本当に起きたことかどうかが自分でも疑わしく、心の奥底で自分自身を信頼できない、という悪循環が生じるものなのだそうです。

ルイーズの治療には、彼女の子育てのやり方を見直すことも含まれていました。彼女は子どもたちの安全に対する警戒心が異常に強く、子どもたちを過剰に保護して、その活動を制限していました。でも、ＥＭＤＲによる治療を受け、依存からの回復過程で12ステップに取り組んだ結果、育児や子どもの安全管理に注いでいた力をほどよく抜くことができるようになりました。

過去のトラウマを正視して、治療に取り組んでいくのには、勇気が必要です。ルイーズは苦痛に満ちた過去を手放すためなら、どんな苦労もいといませんでした。現在、彼女は実力者として、性的トラウマをもつ人びとの治療を手助けしています。自分が学んだことを伝えつづけているのです。シャロン・サルツバーグがいみじくも言ったように、「トラウマを経験した人は、誰にでも差し出せる贈り物をもっています。人は誰しも傷つきやすいということを深く理解し、思いやりの力を体験しているからです」

知り合いにもうひとり、性的トラウマを体験し、その後、他者の癒しを手助けしている女性がいます。ダイアンとしておきましょうか。ダイアンは、断酒を始めて5年目のとき、家に押し入ってきた知らない男にレイプされました。それまでは、回復プログラムを熱心に行ない、集会仲間にも友人がたくさんできて、充実した日々を送っていました。仕事をし、学校に通い、人生を楽しんでいたのです。ところが、レイプ後は、ショックと恐怖、犯された感覚が繰り返し戻ってきて、もがき苦しむことになりました。

最悪の状態だったある日、ダイアンは近所のスポンシーの家に助けを求めに行きました。翌日に開催されたＡＡのミーティングでは、集会の仲間が彼女を囲み、愛を込めて守ってくれました。同じプログラムに参加していた女性のなかで、ダイアンが信頼している友人のひとりは、「安心して眠れるように、お宅まで行って、ベッドの横に座っていましょうか？」と言ってくれました。ある女性専用回復センターを運営している、やはりレイプ被害の経験をもつ別の女性は、ひと月センターで過ごしてみてはどうかと誘ってくれました。こうしてダイアンは、自分の苦しみをわかってくれる女性たちに囲まれた安全な環境を見出しました。それは天の恵みでした。ダイアンは彼女たちの無条件の愛を今もよく思い出すそうです。その愛は、わたしたちが決してひとりではないこと、何が起きようともアルコールや薬物に頼る必要はないことを、ダイアンに思い出させてくれます。

ダイアンは長年ＡＡのプログラムに取り組んでいたので、同じ体験をしてきた他者とつながることで生まれる癒しの力を知っていました。彼女は次に、自分が通っている大学のカウンセラーのところへ行き、レイプからの回復を目指す女性向けのグループを大学内で発足してほしいと頼みました。癒しを継続させるためには、レイプされたり虐待を受けたりした他の女性たちとともにいることが自分には必要だとわかっていたからです。カウンセラーが大学の新聞上でミーティングを告知すると、女性たちがどこからともなく集まってきました。なかには、何年も前にレイプされ、そのことをずっと誰にも言わずにいた女性もいました。パートナーからの家庭内暴力の犠牲者もいました。グループの女性たちはありとあらゆる社会経済的レベルに属し、ありとあらゆる職業に就いていました。

このグループの母親たちは、ここで得た教訓をどのようにわが子に伝えたらいいかを話し合うことができました。その教訓とは、秘密にしつづければ不調が続くということ、虐待を受けたりトラウマを与えられたりしたときには誰かにそれを話す勇気をもたなくてはならないということです。癒しが生まれ、光が差し込むのは、自分の体験を人に話したときです。闇と恐怖と秘密は敵です。ひとりが一歩前に踏み出して、真実を話し、道を明るくすれば、これらの敵は成敗されます。

このグループは参加者全員に安心と癒しを与えました。「わたしたちの経験はほかの人たちのためになる可能性がある」というのは、ＡＡのプログラムでよく耳にする発言ですが、だからこそ、わたしたちはお互いのためにそこにいられるのです。

ダイアンが勇気を振り絞って自分の体験を語るのを座って聴きながら、わたしの心は彼女が体験した恐怖に身がすくむような感覚を覚えるとともに、共感の気持ちでいっぱいになりました。彼女はわたしの目をまっすぐ見つめ、自信に満ちた様子で言いました。「今は、自分たちの遭遇した事件や悲劇ではなく、このプログラムとここにいるみんながどれだけ救いになっているかということが大事だと思うわ」

✚ 断酒を目指す母親が性的トラウマを癒すためのツール

1 トラウマのカウンセリングと治療について。あらゆる手立てを講じて、適切な外部の助けを借りましょう。セラピストと面談し、自分の問題に取り組んでくれる人を見つけましょう。トラウマを専門とする宿泊設備のある療養施設があります。レイプと性的暴力の被害者を対象とする地域の支援センターは各コミュニティに見つかるはずです。こうしたセンターやホットラインは、守秘義務を守ったうえで、カウンセリングやグループ活動など、24時間体制のサービスを提供してくれます。センターによっては、付き添って病院まで送り届けてくれたり、警察の介入時に立ち会ってくれたりするところもあります。

2 護身の講習を受けましょう。もしも可能なら、いろいろなテーマについて、子どもの年齢に適した内容で、子どもも一緒に参加できるクラスを見つけましょう。

13

共依存

本物の共依存症者は目が醒めると、わたし、今日はどんな1日を送ることになっているの?」とパートナーに尋ねる。

——発言者不詳

共依存症者は、自分に近い人の問題について母親のように世話したり、管理したり、調整したり、解決したりすることを何よりも必要としています。そうすることで、自分に主導権があると感じられ、安全だと感じられるからです。世界を細かく管理したがり、人に車の運転の仕方を教え、赤の他人に育児法を語り、パートナーには何を着たらいいのか、何を言ったらいいのか、あげくの果てにはどう呼吸したらいいのかまで教えます。不健全な依存の徴候は、身のまわりのすべてがちゃんとしてないとわたしはダメなのとか、わが子の生活に何か問題があるならわたしは平気じゃいられないとか、子どもが大丈夫ならわたしは大丈夫、というような発言に現れます。

わたしはかつて、気がつくと16歳の息子の部屋を掃除し、ベッドを整え、衣服をたたみ、机の上を整理し、汚れた服を集めていました。ひたすら彼とつながる方法を追い求めているのだとわかっていました。でも、息子は家に帰ってもいなかったのだから、そこで感じていたつながりは錯覚です。わたしには、息子が自分でできることを代わりにやってしまう権利はありませんでした。わたしは息子とつながりたくてたまりませんでしたが、部屋の掃除をしても、それが親密な会話にならないことは明らかでした。当然ながら、息子が自分ですべきことを代わりにやっていると、行き着く先は怒りです。共依存になれば、わたしは自分を傷つけられる立場に置くことになるでしょう。というのも、わたしは自分のするすべてを誉めてほしいと心から思っているからです。息子に感謝してもらいたいし、宇宙で一番の母親だと思ってもらいたいのです。でも、息子はこう思うだけです。ママはなんでぼくの部屋に入ったんだ？　クローゼットに女の子を隠しているとでも思ったのか？

わたしたちがやりすぎるのは、そうすれば自分の価値が高まるだろうという間違った信念があるからです。わたしは共依存症者として、自分の同僚や恋人、両親、友人、そして世界に、わたしが一番だと気づいてほしいと思っています。わたしがいつか自分は今のままで大丈夫だと思うことは、まずないでしょう。だから、外の世界からどんどん称賛されることを願って、やりすぎるのです。

ときに、相手を操作しコントロールしようとする度が過ぎて、滑稽になることもあります。

ジュディは夫にアルコールをやめてもらいたいと思っていて、自分には実際に、夫に断酒させる力があると考えました。そこで、巨大なホワイトボードと赤のマーカーを買い、夫のために立てた計画を表に書きはじめました。

1日目　家にあるお酒を全部流して捨て、町中の酒屋を周って、夫にお酒を売るのをやめるようお願いする。
2日目　夫にゴルフをやめなくてはならないと言う。そうすれば、クラブハウスで飲まないから。
3日目　教会の信者になり、熱心に信仰してはどうかと夫に言う。

その後どうなったか、想像できますよね。4日目に入るころには、夫の酒量は実に倍になり、夫は妻を避けるために家に帰らないようになりました。現在、彼は断酒していて、AAのミーティングでこの話をしては、仲間の笑いを誘っています。12ステップのプログラムで学ぶことですが、人は自分から変わりたいと思わなくてはなりません。他者が無理やり変えることはできないのです。無理にそうしようとすれば、相手はただ怒るだけです。ですから、わたしたちは自分自身のケアをして、相手の邪魔にならないようにしなくてはなりません。

知り合いのある女性は、共依存にひどく苦しみながらも、息子の教育を滑稽なまでに管理しました。息子は高校でマリファナを吸いはじめ、生活が乱れていました。成績が急降下したため、彼女は息子のために彼の宿題をやりはじめました。本を読み、レポートを書き、試験に向けて息子を指導したのです。彼女自身はどんどんよい教育を身につけていきましたが、息子は間違いなくそうではありませんでしたし、生きていくためのスキルや躾《しつけ》も身につきませんでした。それでも、彼女が奮闘したおかげで、高校を卒業することができました。

次は大学です。彼女は息子のために大学に願書を出し、入学審査用の小論文をすべて書きました。その間、息子はおめでたいことに毎日マリファナを吸っていました。やがて入学が認められると、彼女は息子が受けるべき科目の本をすべて注文し、なんと、またしても息子のやるべき勉強をすべてやり遂げたのです。どうして急に微生物学や微積分法に興味をもったのかと夫に尋ねられると、ただ面白そうだと思ったからよと嘘をつきました。彼女が毎晩「自分の」宿題をするために夜更かしをし、結婚生活にまったく時間を割かなかったため、夫は腹を立てるようになりました。

わたしの場合、自分のケアに必要なことを実践するよりも、人のケアをするほうが簡単でした。ほかのみんなのために何が適切なのか、自分にはわかっていると考えていたのです。でも、そういう考えに囚われて、自分自身を見ようとしないと、最後には、非難し、責め、腹を立てるのだと学びました。「あの人たち」は変わらなくちゃいけないのにと思うからです。みなさんも、「どうして誰も何もしないの？　どうしてこのゴチャゴチャをなんとかしようと思う人がいないの？　わたしの言うことをするだけでいいのに、どうして誰もそれができないの？」などと思ったり、言ったりしている自分に気づくことがあるかもしれません。

わたしはもう何年も回復に取り組んできたというのに、それでもまだ、ときどきこうした考えが浮かんできて、他者を厳しく批判することがあります。そのすぐあとで、なんでこんなふうに反応してしまったのかと、自分を責め、非難します。他者がわたしの時間やわたしの時計に合わせて変わると考えるのは無駄なことです。世界がわたしの情報を手に入れて、わたしに従うのを期待するなんて、常軌を逸しているのはわかっています。でもまだ、恐れと誤った現実に基づくこの「コントロールしたい病」に捕まってしまうのです。ただ、最近では、以前よりずっと早くそういう自分に気づくようにはなりました。

どうしても誰かに、あれをしなさい、これをしなさいと言いたくなると、わたしはよく立ち止まって鏡をのぞき込み、自分自身に同じことを言うようにしています。わたしは宇宙の女王様をやめなくてはなりません。わたしたちの回復プログラムは、もう物事を仕切ることはしないということをはっきりと表明しています。つかんでいたものを手放すと、何かもっと偉大なものが取り仕切ってくれていることに気づかされます。そして、ハイヤーパワーとつながると、状況は最終的に、想像したこともないほどよくなることにも気づかされます。

わたしのやりすぎ行動をすべて解決してくれるのは、立ち止まって、自分の心（スピリット）とつながるというやり方です。こうすると、わたしは自分の内奥《ないおう》にある「このままで充分だという思い」を見つけることができます。

母親にとって、わが子に切ない思いをさせることほどつらいことはありません。でも、悪い成績を取ったり、「内輪の友だち」のパーティに招かれなかったりといったことは、生きている限りよくあることです。また、10代という年頃にはたいてい、ぞっとするような不安定さがついて回ります。子どもが学校でうまくやっているかどうかを基準にして自分の幸せと平安を判断していたら、わたしたちはいつも動揺していなければなりません。そんなふうに暮らすのではなく、思いやりと愛情をもちながら、充分な距離を取りつつも、ばらばらになることなく1日を過ごしていく方法を見つけることが必要です。

わたしの解決法は、タイムアウトを取ることです。かつて子どもたちが悪さをしたときには、自室で静かに反省する時間をもたせたものですが、それと同じようにします。共依存になっていると感じたら、小休止して一歩下がり、現在の状況における自分の役割を観察します。そして、たとえば、昼寝をする、散歩に出る、自分の支えとなり、自分を落ち着きと回復の道に引き戻してくれる優しい友人と過ごすなどして、基本的なセルフケアをします。

✚ 断酒を目指す母親が共依存から回復するためのツール

1 「タイムアウト」用の紙を用意して、他者のためではなく、自分のためにしなくてはならないことを3つ、それに書きましょう。そして、自分を最優先するこれらの課題から、ひとつを選びます。

[2] 「宇宙の女王様」という立場から退くための文書を書きましょう。文書は、「わたしはここに、支配、調整、強制等の試みをやめることを……」などと始めます。

[3] アラノン[†1]、もしくは、コーダ[†2]のミーティングに出かけましょう。

[4] 自分の生活に焦点を絞り直し、自分自身のアドバイスに従いましょう。誰かほかの人にしてほしいと思うことがあるときは、それがどんなことであれ、鏡をのぞき込んで、それを大きな声で言います。そして、自分でそれを実行しに行くのです。たとえば、もしも自分の大切な人にミーティングに行ってほしいと思ったら、まずは自分がミーティングに出かけるのです。

[5] 共依存について学んでいる内容を、自分の子どもたちに話し、子どもたちが境界線を保ち、より健全な人間関係をもつことができるようにしていきましょう。

◉訳注

1――アルコール依存症者家族のための自助グループ。

2――ＣｏＤＡ、共依存症者の自助グループ。

14

夢を叶える

捨てられた夢の力をけっして見くびってはいけません。
わたしたちの内面には、夢が自らの出番を待つために
行く場所があるに違いないと、わたしは思っています。

——スー・モンク・キッド

わたしたちは回復途上の女性として、しらふになることで不可能を可能にしてきました。回復中の今、わたしたちには心が望んでいることを追求する余裕があり、夢が叶う可能性は充分にあることがわかっています。

偉大な演技指導者マイケル・チェーホフは、「自分の芸に励みたいと思うなら、自分の人生を生きることに励みなさい」と生徒たちに言いました。ときには、生き方を発見するために、夢や創造的な欲求に取り組みはじめなくてはならないこともあります。回復においては、私たちの生き方そのものが自分の芸術作品となるのです。

心が望んでいることをしたいと思っても、そのやり方がわからないこともあります。やり方がわからないというのは怖いものです。だから、何もしないのです。「もしも失敗したらどうするの?」と考えるわけです。確かに、たとえばあなたは、かつてどのようにして母親になったらいいのかわからず、産まれ立ての赤ちゃんを初めて抱いたときには、たぶん少し怖いと思ったことでしょう。でも、いろいろ教えてくれる看護師さんや友人たちがいましたよね。親になることについて、十中八九、自分で思っていたよりもたくさん知っていたことにも気づいたはずです。

退屈したり、不満になったり、イライラしたり、自分自身の愚痴にうんざりしたりしたときには、そのことについて何かをしましょう。外に出かけて何かの講習を受けてもいいし、クラブに入ってもいいでしょう。とにかく何か違うことをするのです。そう、少々変な感じがしたり、怖いと感じたりするかもしれませんが、親になることだって最初はそうでした。どうにかしてそれをやってください。ひょっとすると、新しい友人ができるかもしれません。とにかく、楽しむことです。大胆になることです。そして、自分はすでに不可能を可能にしてきたことを思い出してください。選択肢は無限にあります。回復は奇跡にあふれています。「ここからそこへは行けない」という古い諺がありますが、それは、「そうね、ここからそこへは行けないと思っていたけれど、実際には＿＿＿＿＿＿」に変わります（空欄を埋めてください。馬に乗れるようになった、ブログが書けるようになった、復学できた、など）。『ビッグブック』に記されているとおり、「わたしたちは至上の幸福をたくさん見出してきました。そして、夢に見たことすらなかった四次元の存在のなかに運ばれてきているのです」(原書25ページ)。

あなたの夢には、どんなものがありますか?

あなたは日頃、何になりたいと思っていますか? 何を見て、何を実行し、何を体験したいと思っていますか? 本を書きたいですか? ダンス、歌、絵……を習いたいですか? わたしは長年、自分の夢がどうにかして実現しないかと待ちつづけてきました。でも、空想に夢中になりすぎていたので、実際に何かをする必要はありませんでした。そうすることが安全だったのです。何もしないというのは、失敗しないということです。やがてわたしは、何もしないのは失敗するより悪いことに気がつきました。最大のリスクは、まったくリスクを冒さないことです。周囲を見回すと、誰もがみな、必死になってすばらしいことをしているように見えました。うらやましくてたまりませんでした。彼はすごく上手にギターを弾くのね。彼女はすばらしいダンサーだわ。彼女はマラソンをするんだ。望みどおりの人生を設計して生きるかどうかは自分次第だということにわたしは気づきました。わたし以外、わたしの人生に責任をもつ人はいません。どんなに待っても、夢のほうがわたしを追い求めてくれることなどないのです。行動を起こすことを考えると、やはり怖くなりましたが、わたしの好きな書き手のひとりM・スコット・ペックの以下の言葉に慰められました。

実は、もっともすばらしい瞬間は、強い不快感や不幸、不満を感じているときに生まれる可能性がもっとも高い。というのも、不快感に突き動かされるそういう瞬間にしか、惰性の日々から抜け出して異なる方法や真の答えを探しはじめそうにないからである。

この言葉のおかげで、わたしは今後の自分の人生をどういうものにしたいと思っているのか、死ぬ前に世界に対してどういう貢献をしたいと思っているのかについて、考えるようになりました。

このとき、わたしはもうすぐ50歳になろうとしていて、今や死に近づきながらも懸命に生きるべきときであることを自覚していました。何をしたいかについては、依然として明確にはなっていませんでしたが、墓石に刻んでほしいと思う言葉は、心の底ではわかっているつもりです。「彼女は自分のもっていた愛と思いやりと喜びを残さず使い、この地上にいるあいだにそれを他者に与えました」と刻んでほしいのです。

わたしはまた、もしも断酒していなかったら、そして、もしもこの回復の旅——しらふの母親として続けている旅——のあいだずっと力を貸してくれていた女性たちと出会うことがなかったら、自分の人生はどんなに恐ろしいものになっていただろうという点についても考えました。12ステップに取り組んだあのミーティング会場で、自分の周りを見渡してみると、助けや教えを必要としている少女や女性がずいぶんたくさんいることがわかりました。その多くがわたしのところに来て、スポンサーになってほしいと言いました。でも、わたしには共依存の問題があったため、アラノン[†1]のわたしのスポンサーから、同時に担当するスポンシーの数は3人までにしておいたほうがいいだろうと忠告されていました。そうなると、すでに4人を担当しているので、これ以上は支援できないことになります。わたしはこのことに苛立ちました。わたしは自分が受け取った教えを伝えたいと心から思っていました。そのとき、ひそかにひらめいたのです。「そうだ、本を書けばいいんじゃない！　そうすれば、もっとたくさんの女性を助けることができるわ」

　このことに気づいて間もなく、わたしはある女性専用の回復施設に行きました。そこでのエクササイズのひとつは、大勢の前に立ち、恐れがまったくなくなったら何をするつもりかを話すというものでした。自分の番が来て、震える膝で立ち上がったわたしは、「わたしは本を書くつもりです」と言い、言ったと同時に泣き出してしまいました。それはまるで、本を書くというわたしの夢がいきなりこの世界に飛び出してきたかのようでした。自分が望んでいることを声に出して人に話すという行為には、きわめて強力な何かがあります。もっとも、本音を言えば、このとき同時に、「うわっ、しまった、これで本当にしなくちゃいけなくなった」とも思ったわけですが。

　この施設では、50歳でダンス教室に通いはじめた女性に触発されました。わたしは彼女に、新しいことを始める恐怖をどうやって克服したのか尋ねました。彼女は言いました。「これから上達するためには、今すごく下手でもいいはずだって思うことにしたの。そして、ダンスが上達しはじめたら、並みでいいはずだって思うことにしたの」

作家のスー・モンク・キッドはある日、夫と子どもたちに作家になるつもりだと言いました。彼女がそのときのことについて書いた文章を、わたしはこの施設で読みました。キッドは自分のこの行為を、今は「大いなる非常識」だと言っていますが、一方で、「誰の人生にも、こうしたものがひとつやふたつ、あってしかるべきです。あまりに非現実的で、まったくばかげていて信じられないというような希望が、ね」とも言っています。

ちょうど同じころ、わたしはスター発掘番組の『アメリカン・アイドル』や『ザ・エックス・ファクター』をテレビで見るようにもなっていました。今思えば、こうした番組に惹かれたのは、応募者たちがみな、自分にとっての安全なエリアの外へ踏み出していたからでしょう。驚くような才能を発見された人もいれば、そうでない人もいました。でも、その勇敢な人たちはみな、世界中の何百万というテレビ視聴者に、神から与えられた自分の才能を思い切って見せていました。

私は、サイモン・コーウェルがある女性に、「きみはなぜ、次のアメリカン・アイドルになりたいと思ったの？」と尋ねたときのことが忘れられません。その女性は、「この音楽をわたしのなかで沈黙させたまま死にたくなかったからです」と答えました。これを聞いて、わたしは雷に打たれたようになりました。そして、自問しました。もしもこの人たちがあそこに出て自分の夢を追いかけているとしたら、わたしはなぜ座り込んで、本を書けたらなあと思っているだけなんだろう？（もしもわたしの歌を聞いたことがあったとしたら、あなたはきっと、わたしが歌ではなく書くほうを選んでくれてよかったと思うことでしょう。神さまはわたしに書く意欲を与えてくれました。歌を選んだ人たちは歌う意欲をもらったのです）

そういうわけで、わたしは書きはじめました。いっときに一文ずつ、ひとつの考えを紙片に走り書きしていきました。それからノートを買い、それをバッグに入れておき、はっとするようなよい考えがひらめいたとき、そこに書き留めるようにしました。つづいてiPadを購入し、朝早起きして執筆するようになりました。わたしはライティング・コーチを雇い、ついに物書きになるというわたしの夢が生きいきと動き出しました。

わたしたちはみな、それぞれに異なる夢をもっています。機会さえ与えられれば、それらはいずれも叶えられる――わたしはそう信じています。わたしのスポンシーのひとりだったエレンは、給料の安い今の仕事と口汚い上司のことをいつも愚痴っていました。わたしは彼女に、「もしもなんでもできるとしたら、あなたは何がしたいの？」と訊きました。エレンは、「本当はヨガのインストラクターになりたいの。でも、ダメ。だって、どうやってなったらいいかわからないし、きっと怖気づくだろうし、それにトレーニングするお金もないもの」と言いました。

わたしはエレンに、1年後にヨガ・インストラクターの資格を取った自分を想像して、さらに、クラスで教えている自分の姿も「はっきりと思い浮かべるように」と言いました。彼女はやってみると言い、しばらくすると、「イメージしてみたら、まるで現実のことみたいだったわ！　自分が教えているところがしっかり見えたし、見るからに教えるのが好きって感じだったの」と報告してくれました。わたしは彼女に、「その感覚をもちつづけるの。夢を手放したらダメよ」と言いました。情熱を追求すると、恐れは消え去ります。

エレンは計画を立て、インターネットでヨガの学校を検索し、自分がレッスンを受けるスタジオの受付係に応募することにしました。彼女は採用され、ほどなくして主任に昇進しました。「次は何かしら？」と、わたしは彼女に尋ねました。すると、どうしてもインストラクターになるための学校に入りたいと思っているけれど、自分のクラス担当のような有能な講師にはとうていなれそうにないと言います。わたしは、「あなたは断酒することで、もう不可能を可能にしているの。そのことを忘れないで。怖くても申し込んでみてはどう？」と言いました。

それからしばらく経ったある日、エレンから電話がありました。彼女は会話のなかで何気なく、ヨガ学校に入学できたことに触れました。あまり嬉しそうじゃないわねと言うと、「そうね、どうでもいいの。だって、どう頑張っても学校に通うお金なんて、ないもの」と答えます。わたしは、状況に応じて実際に動いているのは彼女だけれど、奇跡を担当しているのは神であることを、彼女に思い出させました。神に内容を伝えれば、神はその方法を教えてくださる――わたしはそう信じています。そして、エレンの取るべき方法は明らかになりました。ヨガ・プログラムには1万ドルが必要だということがわかりました。プログラムは週6日、毎日12時間あり、それが7週続きます。自宅から8時間の場所まで行き、初めて会う別の生徒とホテル暮らしをしなくてはなりません。

エレンはプログラムを受けはじめましたが、ある日、わたしに電話をかけてきて、「もうプログラムを続けられそうにない」と言いました。その声は、打ちのめされて疲れ切っているように感じられました。わたしは彼女に、トレーニングは1回1時間するだけでいいからと念を押し、今はベッドに入り、やめるかどうかは明日決めてはどうかと提案しました。これは、アルコールや薬物を断つときに役立つ原則と同じです。ときには、1回1時間だけの集中が必要になることもあります。そして、ほかのことが全部うまくいかなければベッドに入り、朝になったら飲酒しても薬を使ってもいいからと、自分に言い聞かせるのです。

エレンは翌朝目醒めると、トレーニングを続けることにしました。それを終了して家に戻ると、ヨガのクラスを教えはじめました。そこでわたしは再び彼女に、「次は何かしら?」と尋ねました。彼女は、「わたし、どうしてもニュージーランドかオーストラリアに行って、3カ月間、そこでヨガを教えたいの」と言うではないですか。わたしは、インターネットで検索して仕事を見つけたらどうかと提案しました。彼女は勤め口を見つけて申し込み、数週間後には、次のようなボイスメールを残して旅立っていきました。「ローズマリー、きっと信じてはくれないでしょうね！　わたし、オーストラリアのあるスタジオで3カ月間ヨガを教える仕事を見つけたのよ」

オーストラリアですばらしい3カ月を過ごして帰国したあと、わたしが彼女にどう質問したと思います？　その通り、「次は何かしら？」です。彼女は、「ヨガ・スタジオをぜひとも開きたいの」と言いました。その前年、彼女は結婚して、最近、妊娠がわかったところです。わたしはしばらくのあいだ、「次は何かしら？」と訊かないでおこうと思いました。何しろ、間もなく手いっぱいになりますからね。でも、いつか彼女が新しいスタジオを開くのをとても楽しみにしています。それにもまして楽しみなのは、産まれ立ての赤ちゃんを抱くしらふの母親をまたひとり目の当たりにすること、そして、アルコールや薬物を捨てたときに発生しつづける奇跡に立ち会うことです。

あなたはどんな夢を自分のなかに閉じ込めていますか？　それらの夢はこの世界で表現してもらえるのを待っています。神、あるいは、あなたのハイヤーパワーは、あなたを通して何を表現しようとしているのでしょう？　あなたの人となりや出自は関係ありません、あなたのなかにはたくさんの才能が埋もれています。あなたの才能を見つけにいきましょう！　静かに腰を下ろして、自分の魂の願望に耳を傾けましょう。音楽を自分のなかで沈黙させたまま死んではなりません。

✚ 断酒を目指す母親が夢を叶えるためのツール

1 あなたの人生に関わっている5人に、次のふたつを質問しましょう。
わたしはどこに限界を設けてしまっているように見えますか？

わたしは何がうまくできそうだと思いますか？

2 つづいて、次のふたつを自問しましょう。
もしも何も怖くなかったら、わたしは何をするだろう？

もしも失敗しないとわかっていたら、わたしは何をするだろう？

答えは紙に書き出します。あなたの支えになっている友人3人に、自分の夢について話しましょう。日記をつけてください。夢の実現に向けて少しずつ前進していくのです。そして、それが実現したら、次の夢を追いかけましょう。

3 コーチを雇い、自分が責任を担う状態を保ちましょう。あるいは、責任を分かち合うパートナーを見つけて、夢を叶えるために支え合いましょう。

4 神、もしくは、あなたのハイヤーパワーへの祈り。「あなたは、わたしがこの世界に差し出すべき贈り物や才能をわたしのなかに埋め込むのをお忘れになったのではないでしょうか。わたしはときどきそう思います。そんな思いを取り除いて、わたしの才能がどういうものなのかをお示しください。信頼して足を踏み出せるよう、1回に一歩ずつ小さく踏み出していけるよう、力を貸してください。わたしの才能を見つけて活用できるよう導いてくれる人のところに、わたしを案内してください。これらの才能はすべて、この世界に対するあなたの愛の表れであることはわかっています。これらの特別な才能と贈り物に感謝します。与えられたこれらの贈り物を活かせるよう最善を尽くすつもりです。わたしからあなたへの贈り物は、与えられた才能を死ぬ前に最後の1滴まで残さず使うよう努力して、他者の人生を向上させることです」

◉訳注

1——アルコール依存症者家族の自助グループ。

15

喜びと笑い

わたしは自分を笑わせてくれる人が大好きです。自分は笑うことが何よりも好きなんだと、心から思います。笑っていると、たくさんある苦しみも癒されます。

――オードリー・ヘップバーン

あなたはからだの具合が悪く、具合が悪いことにも、そして疲れ切っていることにもうんざりし、もはや闘う気力もなく、答えも見出せず、アルコールと薬物とでボロボロだと感じています。初めて12ステップのミーティングにやって来てはみたものの、これからどういう人たちに会うのか――楽しむことなど2度となく、(「クスリ」を取り上げられて)イライラしている不機嫌な人たちに会うのだろうか――と、たぶんビクビクしていることでしょう。ところが、誰かが酔っ払って正気を失ったときのとんでもない体験を語っていて、そして、みなが笑っているじゃありませんか。どういうこと？　ここの人たちって、とんでもなく重苦しいって話じゃ

15 喜びと笑い

なかったっけ？　あなたは今、彼女たちが気分良さそうに笑っていることに、怒りに近いものを感じています。だって、あなたはひどく傷ついているのですから。

つづいて、あなたは笑いと喜びが周囲に伝染していっていることに気づきます。ミーティングに参加していない「普通の」人ならショックを受け、ぞっとするような出来事のなかに、誰もがおかしさを見つけていることにも気づきます。突然ひとりの女性が、飲酒中の出来事について、まるで自分のことかと思うような話をし、あなたはそこにいる人たちと一緒になって笑ってしまいます。

そんなわけで、わたしたちの多くが言っていることですが、最初の12ステップのミーティングは、何年かぶりに笑った場所になるものです。みながあまりに陽気なので、部屋を間違えたんじゃないかと思うかもしれません。プログラムのもつおかしさ、ユーモアはとてもすばらしいもので、「わたしもそう！」という笑いです。「そうそう、わたしも。それ、わたしもやったわ。そんなふうにわたしも思った。あなた、わたしに似ている。わたしたち、ひとりぼっちじゃないのね」

スティーヴ・アレンは、「悲劇に時間をプラスすると喜劇になる」と言っています。このことがもっともよく当てはまるのが回復です。飲酒して、とんでもなくばつが悪いことをしでかすと、生涯決して誰にもそのことを言うまいと誓います。でも、不思議なもので、アルコールや薬物が抜けてしらふになると、そうした体験談は滑稽になります。先輩の女性が以下の祈りを教えてくれました。「神さま、わたしに笑い方を教えてください。でも、どんなふうに自分が泣いたのかは、忘れないでいられるようにしてください」

わたしはある女性から、笑いが止まらなくなるような話を聞いたことがあります。それは、熱帯の楽園で飲みながら過ごした休暇中の出来事でした。彼女はバーで無料のカクテルを楽しむうちに泥酔し、男性をナンパすると、パーティの場を彼の部屋へ移すことに同意しました。途中、彼女は当たり前のように服を着たままプールに飛び込みました。プールに飛び込むのはよくあることであり、また、酔っ払ったまま、木に登って動けなくなることもよくありました。もちろん、このときのプールでの出来事について、彼女は憶えていませんでした。

太陽の光と猛烈な二日酔いで目が醒めると、男性は部屋にいませんでした。自分が裸であることにも気づきましたが、服はどこにも見当たりません。どうしよう！　最後に、ガラスの引き戸から外をちらっと見ると、どうやら相手の男性が服を乾かそうとしてビーチチェアに掛けたことがわかりました。つまり、彼女は裸で室内にいて、服は外にあるのです。まあ、依存症になっていない人の大半はこんな問題にぶち当たることはまずないでしょう。部屋はプールからかなり離れていて、この時間になると、至るところに人がいます。裸で目醒めて服を手に取ることができないというのは、酒飲みが陥る古典的なジレンマです。

彼女がＡＡのその部屋で自分の体験を語っていくと、誰もが彼女と一緒になって笑っていました。なぜなら、みなそれがよくわかるからです。以前、男性がこんな冗談を言うのも聞いたことがあります。「もしもいつの間にか長距離バスに裸で乗っていたら、あんたはアルコール依存症かもしれないよ」

笑いは本当に最高の薬であり、笑いほどふたりの距離を縮めるものはありません。誰かと一緒に笑っているときは、その相手とつながっているからです。笑う人は長生きします。いろいろな会場を見て回りましょう。健康な人たちはよく笑いますし、その目には、光や輝きがあります。子どもは1日に164回笑い、平均的な大人は7回ほど笑うそうです。もちろん、その一部には、手術などでユーモアのセンスを外科的に切除されてしまったかと思われる人たちがいることも、みな承知しています。

これは、回復途上の母親であるがゆえに受け取る贈り物のひとつです。子どもは、こだわらないことや笑うこと、その瞬間を喜んで過ごすことについて、多くのことを教えてくれます。現実を見ましょう。大人になれば、子どものころにやったバカなことや突拍子もないことは、家族の大好きな話題になります。子どもたちに、自分の子どものころのおかしな話をしてあげましょう。子どもたちに、日々の暮らしの中で起きたおかしなことを教えてもらい、わたしたちも子どもたちに自分が体験したおかしなことを教えてあげるのです。夕飯どきには、その日自分が遭遇したおかしなことを子どもたちに話し、「あなたたちは、今日、何が一番おもしろかった?」と尋ねましょう。

喜びは、精神的な意味では笑いと同類であり、同じように私たちを驚かせてくれます。おかしなセリフを聞くと、たいてい笑えてきます。予想していなかったからです。わたしたちは笑いに不意を衝かれるのと同様に、喜びにも不意を衝かれます。わたしの友人のひとりが寝室に掲げている額には、喜びは神の存在を示す絶対確実なしるしであると書いてあります。確かに、純粋な喜びの瞬間は内側から突然湧き上がってくるものであり、わたしたちに不意打ちをかけてきます。こうした喜びや笑いは、しばしば、自分が本来あるべき自分であり、世の中のことはすべてうまく回っているという感覚をもたらします。

わたしの場合、喜んでいるときには、内面がくすくす笑っている感じになります。愛と同じように、喜びもまた買うことができません。でも、喜びは、わたしたちを取り囲む日常の何気ないあれこれのなかにたくさんあります。わたしは、わが子たちが一緒になって笑うのを見ると、喜びを感じます。子どものスポーツ観戦をしていたとき、喜びがからだ中をめぐってぞくぞくしたこともあります。毎年クリスマスが近づくと自分の娘と前夫のふたりの幼い子どもと一緒に、ジンジャーブレッドの家をデコレーションします。この伝統のおかげで子どもたちのかわいい小さな顔が興奮しているのを見ることができたときにも、喜びを感じます。ＡＡのちょっとしたミーティングに行き、人びとが長い廊下を歩いてきて記念日のコインを受け取り、みんなの拍手に囲まれて自分の断酒期間を祝うのを見ると、部屋が喜びに満たされるのを感じます。他者に喜びを与えれば与えるほど、あなたはより多くの喜びを知ります。そして、いるべき場所にちゃんといれば、きっと自分を包み込む喜びに気づくことができるようになるでしょう。

15　喜びと笑い

わたしはストレスが溜まって煮詰まってしまうと、周囲が見えなくなり、自分自身とつながっているときにはいつでも簡単に手に入るはずの喜びや笑いから、自らを切り離してしまう傾向があります。そういうときには、休憩を取り、この世界や自分の「やることリスト」とつながっているプラグを抜いて、ただひたすら存在するだけの自分に戻ろうとします。

以前、西海岸へ小旅行に出かけ、2日間を再充電に当てたことがあります。電話も、パソコンも、テレビも、本も、新聞もない2日間でした。カリフォルニアの海岸線を北上しながら、わたしは肩から力が抜けていくのを感じていました。木々や空、山、海の美しさがわたしの魂を鎮めてくれます。こうしたすばらしい環境に浸りながら、わたしは自分の内奥に子どものような喜びを感じていました。わたしはその喜びと戯れることにしました。巨大なポットのなかで溶けたチョコレートをかき混ぜるように、わたしはその喜びを文字どおりかき混ぜている自分を想像しました。喜びはどんどん膨らんでいきました。こうした体験――ただひたすら喜びに浸ること――をしたのは、このときが初めてでした。

さらにわたしは、自分がしょっちゅう、これとは正反対のことをして、トラブルと問題に意識を集中させていることにも気づきました。嫌な感じや批判、悪い状況を――虫酸の走るようなことならなんでも――捕まえて、そんなゴミ屑をぶち込んだポットのなかに深くもぐっていき、それをせっせとかき混ぜて、どんどん膨らますのです。こうなると、からだのなかでその感覚がぐつぐつ煮えつづけ、しまいには噴きこぼれて、わたしを焼き尽くしてしまうように感じます。あの偉大なるエイブラハム・リンカーンはかつて、「たいていの人は、自分で決めた分だけ幸せになる」と言いましたが、これは至言です。

日常を離れていたこの2日のあいだに、わたしは喜びを探しはじめました。見つけるのは簡単でした。太陽が海面にきらめくのを見て、喜びを感じました。すばらしい潮の香に包まれてその匂いを堪能していると、次第に増えていく家族とともに浜辺で過ごしたたくさんの夏を思い出しました。小鳥たちが最高に美しくさえずっているのも聞きました。のんきそうな2羽が、鬼ごっこでもしているかのように戯れるのも眺めました。わたしは自分のなかに喜びが住んでいる場所があるのを感じ、そこから、「さあ、出てきて楽しみなさい」という声が聞こえてくるのを感じました。その瞬間、喜びはわたしたちへの神からの贈り物であり、神は、わたしたちが自分に与えられたこの美しい人生を楽しむことをこそ願っていらっしゃるのだと、わたしにはわかりました。

わたしたちはみな、依存症のただなかで苦しみのどん底を味わってきました。ハイな状態を追いかけていると、喜びはわたしたちをするりと避けていきます。以下は、わたしが深奥《しんおう》の苦しみに苛まれながら、ＡＡのスローガン「奇跡が起きる前にやめてはいけない」にしがみついていたときに書いたものです。わたしの抑うつ状態はかなり重症でしたが、これを通り抜ける旅は、なぜか喜びに通じていることがわかっていました。

15 喜びと笑い

苦しみから喜びにいたる旅はまっすぐ進むものではありません。曲り道もあれば、回り道もあります。険しい山を登るようでくたくただと感じるかもしれません。砂漠もあるでしょうし、暴風や闇夜、どうしようもない恐怖に立往生するようなときもあるでしょう。孤独と絶望に長く苛《さいな》まれることもあるでしょう。涙がぼろぼろこぼれるかもしれませんが、同時に、道中たくさんの幸福にも出会うでしょう。赤の他人だった人物が新たに親友になり、笑いと喜びの瞬間をもたらしてくれます。迷子になったようだなと思うと、いきなりガイドが現れて、正しい方向に向けてくれます。眺望のすばらしい場所に出ると、そのすばらしさに深く感動します。ハイヤーパワーが自分のすぐ側にいるのを感じます。じっと立って、その存在を呼吸しているだけで、ハイヤーパワーがすべての苦しみを癒してくれるのを感じるでしょう。太陽はまぶしく輝き、はるか遠くまで光を送りながら、心を温めてくれます。おかげで、失意の日々を送るさまざまな人が温かさと慰めを求めて、引き寄せられてきます。あなたはその人たちのガイドになるのです。その人たちとともに歩き、自分の体験や力や希望を語りながら、自分が今、かつてはとても到達できないと思っていたあの山の頂上にいることに気づきます。内奥に新たな力があることに気づき、見果てぬ夢以上の生き方を見つけます。人びとはあなたに向き直って感謝し、あなたは、苦しみがあったからこそ、想像もしていなかった喜びと奇跡の土地に到達できたことを自覚します。わたしはあなたに祝福の言葉と祈りを送ります。「苦しみは神からの贈り物だと思いましょう。それはやがて癒えて、喜びに変わります。苦しみや不幸、失意に直面したとき、わたしたちには未知の土地への旅が差し出されています。その土地は、癒しと絆、喜び、見果てぬ夢以上の天与の贈り物に恵まれています」

✚ 断酒を目指す母親が笑いと喜びの体験を増やすためのツール

1 毎日、あなたのなかにいる「インナーチャイルド」[†1]のために何かをしましょう。雨のなかで遊ぶ、水たまりをバシャバシャ踏みつける、砂や雪で天使を作る、水かけっこをする、など。自分の子どもたちに、一緒にやろうと言いましょう。

2 自分のことを笑いましょう。自分のことをあまり深刻に考えないことです。

3 コメディ・ショーを観に行ったり、面白い映画を観たりしましょう。

4 ゲームで遊びましょう。わたしのお気に入りは、ツイスター［マット上で手足を動かすゲーム］、カーズ・アゲンスト・ヒューマニティ［人倫対戦カードゲーム］、ローディッド・クエスチョンズ［誘導尋問ボードゲーム］などで、家族のお気に入りはシャレード［ジェスチャーによる言葉当てゲーム］です。

◉訳注

1――真の自己。ハイヤーパワーとの真の繋がりをもつ。

16

スピリチュアリティ

神はしばしば、クリスチャン・ディオールを通してわたしに話しかける。

――ジジ・ストッパー

スピリチュアリティは、12ステップのプログラムのなかでも特に重要な項目です。初めてプログラムに取り組む人たちの多くは、最初、これに苦労します。というのも、宗教がらみで不快な体験をしてきている人が少なくないからです。なかには、神という言葉を聞いただけで、部屋から飛び出していく人もいるくらいです。しかし、12ステップが語るスピリチュアリティは、宗教とは無関係です。誰かが以前、その違いを以下のように説明するのを聞いたことがあります。「宗教は、地獄に落ちるのを恐れる人のためのもので、スピリチュアリティは、すでに地獄にいる人のためのものです」

回復途上におけるスピリチュアリティの意味は、人それぞれです。そして、それが12ステップ・プログラムの優れている点です。わたしたちは、自分自身が理解するハイヤーパワーを見つけるよう励まされます。スピリチュアリティ——すなわち自分のハイヤーパワー——の説明は、さまざまな言葉を使ってさまざまに試みられてきました。わたしは、自分自身にぴったりくる言葉であれば、何を使ってもかまわないと考えています。ＡＡの仲間が自分のハイヤーパワーについて語るときに使っている言葉でわたしが聞いたことがあるのは、たとえば、いのちの源、ハイヤーセルフ、ブッダ、イエス、ハイヤーラブ、主、フォース、神、母なる大地、偉大なる戦士、スピリット・ガイドなどです。ある女性は自分のハイヤーパワーを言うのに、ドアノブという言葉を使ったそうです。彼女は、自分では開けられなかったドアを開けるために、ドアノブが必要だったのです。いつの日にか、「ドアノブはわたしのアンフェタミン」[†1]と書いてあるバンパー用ステッカーとすれ違ったり、ペンダント・トップをドアノブにしている人や、ドアノブの像を庭に置いている人を見かけたりするようになるかもしれませんね。

　初めてプログラムに取り組む多くの女性は、男性中心の「神」や「ハイヤーパワー」という考え方を受け入れがたいと感じます。確かに、もしもパワーが男性の顔をしていたら、自分がそういうパワーにあふれているとは思いにくいかもしれません。たいていの文化において、神のイメージは完全に男性であることがわかっています。宗教関係のたいていの文献は男性代名詞を使い、したがって、アルコホーリクス・アノニマス（ＡＡ）の『ビッグブック』も男性代名詞を使っています。では、女性が男性を自分のハイヤーパワーにするというのは、何の不思議もないことなのでしょうか？　メアリー・デイリーが言うように、「もしも神が男性なら、男性は神」ということになります。これは不公平のように思われます。というのも、女性は男性の手によるひどい虐待や抑圧に苦しんできたからです。父親、パートナー、あるいはそれ以外の男性に虐待された場合、女性が一番したくないのは、いったん回復しはじめたのちに別の男性に「自分の人生と意志をゆだねる」ことです。

ただ、たとえ今生きているこの世界が、依然として広く男性優位であっても――また、男性が政治的権力、宗教的権力、経済的権力の多くを握っているとしても――回復のプロセスにおいては、自分自身の神の概念を選択することができます。「神は『彼』じゃなくちゃいけないの？　どうして『彼女』じゃいけないの？」、「そもそも、どうして神という言葉を使わなくちゃいけないの？」などと、自由に尋ねることができます。中には、12ステップに取り組みつづけながら、女性のスピリチュアリティ、女性の顔をした神を切望し――かつ選択する――女性もいます。

12ステップのミーティングでは、『ビッグブック』を読む際に、「彼」を「彼女」に置き換えている女性もいます（ＡＡの『ビッグブック』は１９３９年に出版されたもので、当時、初期グループのメンバーは大半が男性で、それが言葉に反映されています）。さらに進んで、女性のハイヤーパワーを見つける女性もいます。ユダヤ人として育てられたジャンは、自分のスポンサーから、「あなた自身のハイヤーパワーの概念を創っていいのよ」と言われたときにはホッとしたそうです。彼女はショービジネスの世界で働いているので、女優のメイ・ウェストのような女神を考えることにしました。自分の女神には、楽しいことが大好きで、グラマーで、元気で、首まわりに羽根のボアをまとっていてほしいと思ったのです。

わたしは初めてＡＡのミーティング会場に足を踏み入れるまで、自分のことを空っぽの貝殻のように感じていました。わたしの心は死んでいました。断酒を始めて90日ほど経ち、アルコールのもやが消えかかってきたとき、わたしは『ビッグブック』に「断酒できるかどうかは、私たちのスピリチュアルな部分の状態次第です」とあるのを読み、「何よこれ、このスピリチュアルとかいうのに取り組まないとまずいってことじゃない。ヘマをするところだったわ」と思いました。

ただ、わたしは最初スピリチュアリティと宗教とを混同していました。宗教はそれまでずっとわたしにとって、難しい課題でした。わたしはカトリック教徒として育ちましたが、この宗教のもつ数多くの規則をことごとく破ってきました。正直なところ、わたしは、神について歪んだ考えをもっていました。わたしが学んだ神とは、一般に流布している愛にあふれるエピソードとは裏腹に、汚い言葉を使わせてもらえば、クソいまいましい地獄にわたしを落とそうとする存在でした。わたしにはわけがわかりませんでした。そもそも、幼い頃から、カトリック教徒だけが天国に行くという教えを奇妙に感じてきました。それから、男性だけがミサを捧げることができるというのも、どう考えても不公平という気がしていました。当然ながら、ＡＡについても宗教だかなんだか知らないけど、こんなの、わたしにはちっとも面白くない、やめとくわ――わたしはそう考えたわけです。

そして実際に、ＡＡに行ってみると、「自分なりに理解した神」を見つけて、その神に自分の意志をゆだねましょうと言っているではありませんか。当時わたしは、どうせ神の意志なんてわたしが望むものとは大違いだろうと思い込んでいました。つまり、きっと神の意志とやらはわたしが修道女になることだろうから、自分の意志を神にゆだねれば、わたしは一生貧乏のどん底で純潔を貫くはめになると思い込んでいたのです。子どもの頃、四旬節[†2]のあいだ、毎日父に連れられてミサに通ったものでしたが、きっと自分はそのときに出会った修道女のような生き方を強いられると想像したわけです。

そう、子どものころにミサに通ったのは、カルメル会修道女が暮らす小さな礼拝堂でした。この修道女たちは沈黙の誓いを立てていて、声を発していいのは祈りを捧げるときだけで、祈りを捧げる際にも、衝立ての影に身を隠していなければなりません。子どものころのわたしは、もしもいたずらをすれば、この修道女たちのところに送られて一緒に暮らさなくてはならなくなるのだと思い、いつもビクビクしていたものです。

そして今、回復に取り組みはじめたばかりの大人のわたしは、アルコールを飲めなくなるのではないか、おしゃべりができなくなるのではないかと考えて、怖気《おじけ》づいたのです。いやもう、それ以上に悪い状況は想像できませんでしたから。

わたしはスポンサーに、自分の悪戦苦闘――神とはどういう存在なのかを理解しようとして、どれだけ「神がらみ」のことで苦しんできたか――を話しました。すると、スポンサーは、「あなたなりに理解した神をデザインできるとしたら、どういう神がお望み？」と訊くのです。わたしは、心が温かくて、愛にあふれていて、美しい人生をわたしに示してくれるガイドになってくれて、おかしくて、思いやりがあって……などと答えました。すると、彼女は言いました。「すばらしいわ！　それがあなたの新しい神ね。この神を探しに行って、何が起きるか、わたしに教えてちょうだい」

わたしはその神を探すために、あちこちの教会に行き、祈り、スピリチュアリティに関する本を読み漁り、瞑想を続け、スピリチュアルな教育者と話をしに行きました。まるで宝探しをする子どものように、宝が埋まっていそうな場所を探し回りました。つまり、いつも自分の外側を探して神を見つけようとしていたのです。ところが、もっとも安らぎを与えてくれたのは、ＡＡのミーティング会場で聞いた話でした。わたしはＡＡの人たちがプログラムで体験した奇跡について話すのを聞くのが大好きでした。虐待され、からだを病み、心を深く傷つけられ、人生が修羅場と化していた人びとが部屋に入ってくるのをこの目で見て、それからのちに、奇跡的な変化と癒しが生まれはじめるのをよく目撃しました。こんなふうに人を一変させられるのは、人間より大きな力しかない――わたしはそう思いました。そして、ＡＡはこの癒しの手伝いを、その意志をもつ人になら誰にでも提供していることを知りました。

わたしはAAのミーティング会場にハイヤーパワーの存在を感じ、そこにいる人びとが親切で、愛にあふれていて、思いやりがあることを感じました。たくさんの人が、自分なりに理解した神としてAAを活用しています。なかには、神を表すGODは「group of drunks」（呑んだくれの集まり）の頭字語だと言う人もいます。次のような発言を聞いたこともあります。「神さまを理解する必要なんてないさ——どうやら神さまのほうがみんなを理解しているみたいじゃないか。だって、神さまはみんなのためを思って、みんなにとって完璧なプログラムを創ったんだから」

断酒を始めてから6年後、わたしは重い抑うつ状態に陥りました。これは約半年続き、簡単には抜け出すことができませんでした。「もっとミーティングに出て、12ステップをもう一度やり、スポンシーをもうひとり増やすのよ」と、みんなから繰り返し言われました。あるセラピストは昼寝を増やすようにと言い、ある精神科医はもっと人参とセロリを食べるようにと言いました。いずれも役には立たず、抑うつ状態は悪化するばかりでした。わたしには理由がまったくわかりませんでした。

それからしばらく経ったある日、いっさいの希望が消え、心に浮かぶのは、アルコールを口にするか、さもなければ死ぬか、といった状況になりました。本当はどちらもいやだと思っていることは自分でもわかっていましたし、3人の子どもたちがわたしを必要としていました。ついにわたしは意を決し、地元の治療センターに入所することにしました。安全な行き場がどうしても必要でした。そこにいれば、飲酒はしないだろうし、自分を傷つける行動も取らないだろうと思ったからです。

わたしはセンターに1週間いて、そのあいだに誕生日が来ました。その日、芝生に座って、次のように考えていたのを憶えています。「わたしはいったいここで何をしているんだろう。6年間きっぱり断酒しながら、今こうして、断酒したばかりの人たちと一緒に治療センターにいるなんて……。ここに来たのは間違いだったのかしら。どうか神さま、ここにいなくてはならないのなら、そのしるしをお示しください――ケーキとか、花とか、プレゼントとかも素敵かも」

それから、神に向かって、「いったい何をお考えなの？　神さま、どこにいらっしゃるの？」と大声を上げました。

そのままふてくされて座り込んでいると、やがて、おなかの奥の方から何やら湧き上がってくる感じがありました。そして、回復のプロセスに入って初めて、わたしは自分の内部に神の存在を感じました。このときまで何年ものあいだ、わたしは自分の外側ばかりを探して、神を見つけようとしていました。まさか自分のなかにも神が存在するとは思ってもみませんでした。

その日以来、神がわたしとともにいてくださることを疑ったことは一度もありません。スー・モンク・キッドはその著書『ファーストライト』のなかで、自らの内的体験について語っています。彼女の場合、自分の内奥にある真実が見つかったときに、「まだ処理されていない神への憧れがカチッと音を立てて開き、自分自身の深奥にあるものに対する抑えがたい渇望が湧き出てくるような」感じがしたそうです。彼女は、その日にわたしが感じたことを正確に語っていました。それはまるで、長く音信不通だった友人と再びつながったような、かつての恋人と再会したような感じでした。以前アルコールで満たそうとした穴は、心の内側の、自分のハイヤーパワーが存在しているまさにその場所であることにも気づきました。アルコールはその穴を満たすのではなく、洪水のようにハイヤーパワーとのつながりを押し流していたのです。

その夜、わたしは願っていた誕生日プレゼントをもらいました。神は見逃しようのないしるしを贈ってくれました。この治療センターでは、毎週水曜日の夜に先輩たちがやって来て、自分の体験談を披露することになっているのですが、わたしはその日の語り手が部屋に入ってくるのを見て、心底驚きました。なんと彼女は、わたしが断酒して90日のときに会い、「自分はうつで治療センターに入院していて、つい最近、そこを退院したばかりだ」と話してくれたその人だったからです。その夜に彼女に会えたのは、わたしにとって奇跡でした。すべての星が調和していました。ぞくぞくする感じが全身に広がっていくなか、わたしは自分が、まさにいるべき場所にいるのだと納得しました。それは、これまでにもらった誕生日プレゼントのなかで最高のものでした。

この日以降、わたしには確実にわかっていることがふたつあります。神はたえず自分のなかに存在しつづけているということと、暗黒の時期、天からの贈り物は予期していないときに届くものであるということです。チャック・チェンバレンは、みんなから愛されているＡＡの語り手ですが、彼はよくこう言っていました。「神はわたしたちがもっとも見ようとしない場所――わたしたち自身のなか――に身を隠していらっしゃる」

わたしは神を探しているあいだに、たいていの宗教は人類が共通して渇望していることを説いている、という事実に気がつきました。それらはいずれも、コミュニティについて、平和について、愛について、導きについて、そして、自分の住むこの狂気の世界を理解するのに役立つ自分自身よりはるかに偉大なものの理解について、説いているのです。わたしにとって、ハイヤーパワーは人間の理解を越えるものです。わたしはときどき、もっとも暗い場所に何かが埋まっているのを発見したものです。それらは、存在することすら知らなかった美しい贈り物でした。

もしもあなたがスピリチュアリティをどう考えたらいいのか苦しんでいるとしたら、自分の心がどういう場所で、どういうときに生き生きとした感覚を体験するのかを自問するとよいかもしれません。浜辺に腰を下ろしているとき、樹々のあいだを散策しているとき、山歩きをしているとき、音楽を聴いているときに、心が元気になるという人もいるでしょう。わたしはしばしば、赤ちゃんや犬の目のなかに自分のハイヤーパワーがいるのに気づきます。赤ちゃんがわたしを見つめていると、スピリットが「こんにちは、ローズマリー。わたしです、神です」と言っているのが聞こえます。わたしは見つめ返して、「こんにちは、神さま。わたしのこと見ていてくださって嬉しいわ」と言います。

神からは、電話も、テキストメッセージも、Eメールも受け取ったことはありませんが、わたしは別のやり方で神が話しかけてくれるのを聞いてきました。あるとき、わたしはサンタモニカの海岸を散歩しながら、神に語りかけていました。悩みに悩んでいた地球を揺るがすような問題の答えがほしいと思っていたのです。そして、信号待ちをしていて、いざ道路を渡ろうとしたとき、神が大きな声ではっきり、「待って、赤よ。待って、赤なのよ」と言うのを聞きました。神が不可思議な形で仕事をされるのは知っていますが、まさか赤信号を通してわたしに話しかけてくるとは、考えてもみませんでした。わたしの問題に対する答えは、「待つこと」でした。そして、それはまさにわたしが聞くべき答えだったのです。

また別のときの話ですが、わたしは仕事が見つかるかどうか、不安でたまらないことがありました。ずいぶんと歩き回って努力はしてきましたが、まったく運に恵まれませんでした。その日、わたしは不機嫌で混乱していて、すっかり神に忘れられてしまったかのように感じていました。わたしはオンラインで自分の銀行口座にログインしようとしていたのですが、パソコンはダウンロードにやけに時間がかかり、ログインが遅々として進みません。少しでも処理スピードを上げようと、わたしはキーボードのボタンを叩きつづけました。神にも、キーボードにも、パソコンにも猛烈に腹を立てていたわけです。すると、画面にメッセージがパッと出たではありませんか。「ただいま、ご依頼を処理しております。もうしばらくお待ちください」。わたしは声を立てて笑い、ことのいっさいを了解しました。パソコンのおかげで、再び確信することができました。神さまはわたしのことをちっともお忘れではなかった！　わたしの仕事は、もうしばらく待つこと、頑張って歩き回りつづけ、結果は自分のハイヤーパワーに任せることでした。

2、3週間もしないうちに、組織改編に着手しているある会社から電話がありました。何と新設する部門で雇いたい、という知らせでした。それはわたしが夢見ていた仕事で、2週間前にはまだこの世に存在していなかった仕事でした。わたしはときどき、神が巨大なチェスゲームで遊んでいて、わたしの人生というボードの上でコマを動かしながら、障害物を置き直したり、遊んで楽しむことをわたしに思い出させたりしているところを想像します。

スポンシーのなかには、12ステップに取り組みはじめる際に、神やハイヤーパワーの存在なんて信じないと言う人もいます。無神論者や不可知論者もいます。宗教によって被害を受けたという人もいます。わたしと同じように、教会に通いながら育ったのに、一度として神との緊密な関係を体験したことがなかったという人もいます。彼女たちには、その信念——つまり、神やハイヤーパワーを信じないという気持ち——はまったく問題ないことを知ってもらい、でも、ともあれ12ステップには取り組んで、何が起きるか見てみませんか、と説明するようにしています。12ステップに取り組むと、その結果として、スピリチュアルな気づきが得られることが約束されていますよ、とも言います。そして、わたしの見たところでは、12ステップのプログラムと各ステップには何かきわめてスピリチュアルなものがあります。飲酒や薬物使用をやめようとしてあらゆることを試してきた依存症者が、そののちに12ステップに取り組むことで、「突然」そのアルコールや薬物を手にしなくなります。どういう形で取り組みはじめたかは関係ありません。みな、「自分たちよりも偉大な力」の存在を信じるようになり、人生が好転していくのです。

わたしの問題に関して言えば、スピリチュアリティに関する原則を実践するのが特に難しかった場所のひとつが家庭でした。もっとも多く実践した原則は、第10ステップの「自分自身の棚卸しを続け、間違ったときはただちにそれを認める」ことでした。わが子たちはわたしが、「悪かったわ、埋め合わせをしなくちゃ」と言って繰り返し謝り、埋め合わせをするのを聞いていました。さらに、わたしはこれと同じ戦略を、子どもたちがきょうだい喧嘩をしたときに役立てようともしました。子どもたちを引き離し、喧嘩の発端に自分がどう関わったかをあっちに行って考えてらっしゃいとそれぞれに言い、やがて子どもたちが落ち着くと、これからどう努力して自分の行動を変えていくつもりかをわたしに話すよう、言いました。ある日、帰宅した娘が、学校で意地悪をしてしまった相手の少女に「埋め合わせをした」と話してくれたとき、わたしは自分の言葉がしっかり娘に届いていたことを実感して、心のなかで「ああ、神さま！」と叫びました。

ＡＡに行った最初の日、わたしは本気で飲むのをやめたいと思っていたわけではありませんでした。ちょっとした心の安らぎがほしかっただけでした。安らいだらどんな感じがするのか、わたしは忘れてしまっていました。今は、ほかの人に安らぎを差し出すときに自分も安らぐのだということがはっきりわかっています。そういうとき、わたしは穏やかな感覚に浸っています。

ＡＡに来たとき、わたしの心は死んでいましたが、ＡＡの人びとがわたしを愛しつづけてくれたおかげで、わたしはとうとう自分自身を愛せるようになりました。もっとも高次のスピリチュアリティとは、愛と思いやりを他者に捧げることや、他者が自らのなかに存在するすばらしい美を映し出す鏡となって手助けすることから生まれるのだ――今ではわたしはそう信じています。これは、ＡＡがわたしにしてくれたことです。わたしにとっては、これがスピリチュアリティであり、わたしの命のなかで働いているハイヤーパワーなのです。

わたしの回復の旅は自分の内面に光を発見しつづけるためのものです。光が見つかれば、他者のために道を照らすことができます。どのような天与の贈り物があなたを待ち受けているのか、あなたに教えられたらなあとは思いますが、この贈り物は人それぞれに異なっています。断酒の日数は関係ありません。１日だけでも2桁の日数でも、その贈り物は存在します。あなたはただ、1日1日、断酒を続けるだけでいいのです。そうすれば、贈り物は現れつづけるでしょう。

✚ 断酒を目指す母親が自分なりのスピリチュアリティと出会うためのツール

1 自分のハイヤーパワーに向けて、個人広告を作成しましょう。自分の神に備わっていてほしいと思う資質や能力をリストアップします。

2 自分の魂に栄養を与えられるようなことをしましょう。自然のなかを歩く、赤ちゃんと遊ぶ、誰かほかの人のために親切な行ないをする、など。

3 瞑想する方法を探し、瞑想へのガイドに耳を澄まし、シンプルな祈りを唱え、友人に話しかけるのと同じように自分のハイヤーパワーに話しかけましょう。心の内を吐露して、その存在を感じましょう。

◉訳注

1――精神刺激薬。

2――キリスト教で、復活祭前の40日間のこと。

17

コミュニケーション

あなたは長い年月にわたって、毎日のように、誰かと言葉を交わすことができるでしょう。しかしながら、誰かの前に座り、何も言わないけれども、その人を心で感じ、ずっと前からその人を知っているように思うとき……言葉ではなく心でつながっているとき……に得られるもののほうが深い意味をもっています。

——ジョイベル・C

人間には、もっとも基本的な欲求のひとつとして、自分を見てもらいたい、自分の言葉を聞いてもらいたい、自分をわかってもらいたいという気持ちがあります。相手を見て、相手の言葉を聞き、自分を見てもらい、自分の言葉を聞いてもらう——これはコミュニケーションの基本です。回復途上の母親として、子どもたちにこの贈り物をすること、すなわち、子どもたちの言葉にしっかり耳を傾ける時間を取り、その子たちが自分の話を聞いてもらっているのだと感じられるようにすることは、とても重要なことです。

12ステップのプログラムは、コミュニケーション・スキルを育てて磨くことのできる場所です。現実を直視しましょう。わたしたちの多くは、優れた対人関係スキルの手本となるような人とともに成長してきたわけではありません。回復に取り組む前、わたしのコミュニケーション・スキルはほとんどゼロに近いものでした。なんらかの問題について誰かと話したいと思っても、必ず激しい口論になりました。人びとは、わたしがあまりにも激しく怒鳴ったり叫んだりするものだから、その勢いに押されてわたしが正しいと見なさざるをえなくなり、勝者の側(つまり、わたしの側)についてくれたものでした。それとは反対に、沈黙という手段を使って、自分の要求を通そうとすることもありました。こうしたやり方は一種の対人操作であることをのちになって学びました。

友人と一緒にいるとき話すことと言えば、たいてい、「わたしって可哀想でしょ、ひどいと思わない?」か、「彼のしたこと、信じられる?」でした。わたしは耳を貸してくれる人なら誰にでも、自分がどんなにひどい境遇にいるか、自分が怒っている相手がなぜ100パーセント非難されるべきなのかを、延々と話したものでした。でも、そうしてずっと話をしていた相手は、そもそもわたしの問題に関しては何もできない人たちでした。その場にいない人とさえ、わたしは頭のなかで数えきれないほど口論をしました。それはまるで、相手を自分のベッドに潜り込ませているようなものでした。そういう人たちはわたしの頭のなかにずっといて、ひと晩中わたしを眠らせてくれなかったのですから。

結婚してから離婚するまで、議論はしばしば言葉の闘いに変わり、何ひとつ解決することはありませんでした。あとで自分のした口論を思い返すとあまりにも気まずくて、謝りすぎないくらい謝ったものです。怒りから罪悪感に直行すると、すべてを自分のせいにするのです。確かにわたしたちは自分のしたことを認めて、その埋め合わせをするべきだとされてはいますが、全責任を負うのはどう考えても一種の自己破壊的行動と言うべきです。責任を負うという点に関して言えば、「道路の自分の側だけをきれいにする」べきです。自分の罪（ときにはかつての罪悪感）を理由に、わたしはご近所全体をきれいにしようとしたのです。

12ステップに取り組んだ結果、わたしはどうやって人と直接話をしたらいいかを学びました。そして、実に久しぶりに、かつてしていたように意志の疎通をはかることができました。今では、対応が充分でなかったときには、第9ステップを使ってできるだけ早く埋め合わせをしています。

また、たいていの状況において、どちらの側も正しくもなければ悪くもなく、ただ考え方が異なっているだけだということもわかるようになりました。どうすればいったん立ち止まり、何が自分の怒りの引き金を引いたのかを理解し（相手を非難せず）、自分の関与を見きわめることができるのかを学びました。このようにすることで、わたしは品のあるしらふの女性としてその場を離れることができます。それに、そうするのはとてもよい気分です。

回復していくなかで、コミュニケーションに欠かせないとてもシンプルなことの価値にも気づきました。それは、相手の話をよく聴くということです。今では、自分を悩ませていることについて気持ちを表現しなくてはならなくなると、次の方法を使います。

まず、落ち着いた態度で相手に近づき、「話し合いたいことがあるのだけど、いつか会える？」と言います。「話があるの」と言うだけでは、相手を支配しようとしているようで身勝手です。相手はまだ話す用意ができていないかもしれません。それどころか、相手は話なんかしたくないと思うかもしれません。でも、それは相手に優先権のあることです。相手がイエスと言った場合には、以下のようなステップを踏みます。

1. 相手とのつながりが自分にとってどれだけ重要かを話す。
2. 自分がなぜ動揺したのか、そのことで自分がどういう気持ちになったかを説明する。（「一緒に過ごすことになっていたのに、あなたは1時間遅刻して、電話もくれなかったでしょう？　だから、わたしは傷ついて、あなたにとってわたしはどうでもいい存在なのかなと思ったの」）
3. このように感じたとき、自分に起きる状態を説明する。（「自分はどうでもいい存在だと感じて傷つくと、逃げ出して、あなたのことをこき下ろしたくなるわ」）
4. もう一度、相手とのつながりが自分にとってどれだけ重要かを話し、自分がしてほしいと思っていることを頼む。(「ああなったとき、わたしは自分があなたにとって大切な存在じゃないんだって思ったわ。でも、あなたとのつながりはわたしにとってすごく大切だから、あなたを遠ざけたくないの。遅れそうなときはちょっと電話を入れてくれると助かるんだけど」)

これと同じやり方は、自分の子どもたちとの問題を解決するのにも、とても役立ちます。子どもたちのためにちゃんとそこにいるというのは、それだけでとても大きな贈り物です。子どもが動揺しているとき、あなたがその子のためにできる最善のことは、腰を下ろして、その子にだけしっかり注目してあげることです。必ずしもタイミングよくそうできる場合ばかりではありませんが、それでも、「すごく怒っているみたいね。どうして怒っているのか、聞きたいな。ママが帰ったら、そのこと、話し合えるかな?」と言ってあげることはできます。わたしたちは誰しも、自分を見てもらい、自分の言葉を聞いてもらい、自分には価値があると思うことが必要なのだと憶えておきましょう。息子さんに、現在の状況を話してほしいと頼んでみてください。娘さんに、どうしてむしゃくしゃしているのか尋ねてみてください。途中でさえぎってはいけません。ひたすら子どもに話をさせるのです。

感情でパンクしそうになっているのに、それをもっていく先がない状況がどれだけ不快か、わたしたちにはわかっています。ですから子どもたちには、健全なやり方でその感情を吐き出さ

17 コミュニケーション

せてあげるのです。これは同時に、完全でなくてもかまわない、そういう感情をもっていても大丈夫だというメッセージを伝えます。さらには、子どもの自尊心を高めるのにもたいへん役立ちます。自尊心は、ありのままの自分を受け入れてもらい、何を感じていようとも、その感情を受け入れてもらうことで育ちます。感情に「善悪」はないことを忘れないでください。感情は感情であり、それ以上でも以下でもありません。

コミュニケーション――と言うより、コミュニケーションの失敗――に関する話で、わたしが気に入っているのは、「サッカー・バッグ」の話です。ある朝、前夫が電話をかけてきて、子どもたちを学校に送るのも、自分が勤めに出るのも、予定より遅れていると言います。でも、娘は、放課後の練習に必要なサッカー・バッグをこちらの家に忘れてきてしまったそうです。だから、玄関の辺りにバッグを置いておいてくれれば、パッと立ち寄ってもっていくからとのことでした。わかったわ、そうしておくから、と答え、わたしは出社するために大急ぎで家を出るとき、言ったとおりに玄関の辺りにサッカー・バッグを置いておきました。

10分後、彼から電話があり、カンカンに怒っています。「なんでサッカー・バッグを玄関の辺に置いておかなかったんだ?」と言うので、「ちゃんと置いたわよ」と吐き出すように言い返しました。それからは、「いや、置いてない」「いいえ、置いたわ」「いや、置いてない」「いいえ、置いたわよ」と、堂々巡りの口論です。ある時点で、わたしたちは双方ともが正しいことに気づきました。バッグはちゃんと玄関にありました。ただ、彼は、わたしが玄関のドアの外側に置くつもりで了解したと思い、わたしは、自分が内側に置くつもりであることは彼にわかるだろうと思ったのです。あ～あ、お互いの心が読めていたら、もっとずっと簡単だったろうに……。以前、夫婦カウンセリングを受けたとき、とにかくわたしは自分がどう感じているかを夫にわかっていてほしかったと言ったことを、よく憶えています。気の毒な前夫。わたしの感情が読める特別なメガネを買っているはずだと、わたしに思われていたなんて。

回復途上でわたしが学んだもうひとつのコミュニケーション・スキルは怒りに関するもので、自分に向けられたものだと取らないというのがポイントです。怒っている人に遭遇したら、その人を傷ついた小さな子どもだと想像し、この子は誰かに耳を傾けてもらって自分の気持ちを認めてほしいのだと思うといいというのです。そんな子どもにどう応じたらいいのでしょう？

わたしは、こうした想像と、学習中だった他の新たなスキルを土台にして、自分の反応の仕方を変えることができました。どのようにそれができるようになったのか、以下はその一例です。

ある日、前夫がわたしに電話をしてきました。わたしのことを猛烈に怒っています。わたしは深呼吸しました。怒りはその当人の恐れに関わるものだとわかっていたので、わたしは、むきになって守りに入ることはしないように努め、「うわぁ、わたしのこと、ずいぶん怒っているみたいね」とだけ言いました。すると彼は、なぜ怒っているのか、その理由をいくつか挙げました。そこで、「あなたがどうしてそういうふうに感じるのかはわかるわ（感情に善悪はないことを思い出しながら）。ほかに何か、わたしのことで怒っていることある？」と、わたしは返答しました。彼は長いこと黙っていました。きっと受話器を見つめて、電話する番号を間違ったのかといぶかっていたのでしょう。「あの頭のいかれた元妻はどこへ行ったんだ?」と驚いています。そこでわたしは、今自分が聞いたことと尋ねたことを確認し、「あなたの言ったこと、これで合っている?」と訊きました。また間が開いて、「ああ」と返事がありました。次に、わたしの言い分を聞く気があるかどうかを、彼に尋ねました。あると言うので、わたしは冷静に自分の考えを伝えました。そして、わたしたちは問題を話し合いました。

以前のわたしだったら、自分の側の事情と自分がいかに正しいかを前夫にわからせようとするか、さっさと降伏して、彼が正しくてわたしが悪いと言っていたでしょう。当時は、異議を唱えて、それでおしまいにする方法を知らなかったのです。

わたしたちはお互いに自分の意見をはっきり伝え合いました。そして、わたしは、「さあ、これで言わなきゃいけないことは全部言ったわ。で、あなたにももう言い残したことがないなら、わたしたち、この問題では意見が一致しないってことね」と言って、電話を切りました。受話器を置いたあと気づきましたが、わたしはこのとき初めて前夫の話をきちんと聞き、自分の言い分をしっかり伝え、お互いをひとりの人間として尊重できたのでした。

アマンダという名前のクライエントが夫に腹を立てていました。結婚記念日が近いというのに、夫はいっこうにお祝いの計画を立てようとしないというのです。わたしは彼女に、あなたが何をしたいと思っているか、ご主人に話しましたか、と尋ねました。彼女はイエスと答え、

「わたしたち、今すぐ計画について話し合わなくちゃいけないわ」と言いつづけているそうです。でも、「わたしたち、今すぐこれについて話し合わなくちゃいけない」と言うのは境界を侵害している上に、相手を支配する行動です。わたしはこのことを指摘しました。あなたが誰かに何かについて話さなくてはならないとしても、それは、その相手が話し合いを要求されるという意味ではありません。相手をもっと尊重して頼むには、「わたしは～について話し合いたいんだけど、あなたの都合はどう？　時間は取れるかしら？」というような言い方にしましょう。人には選択の自由があり、相手は必ずしもあなたが望むような選択をするとは限りません。選択肢のなかには、「ノー」もあります。「イエス、でも今はちょっと無理」も、「イエス、これから話そう」もあります。自分が聞きたいと思っている返事だけでなく、どういう返事も同じように受け入れられるようになりましょう。

忘れないでください。子どもたちは、わたしたちがどうコミュニケーションを取り、相手とどう交流しているかをいつも見ています。子どもたちにとって健全な行動の手本となることは、母親としてのわたしたちの仕事です。

＋断酒を目指す母親がよりよいコミュニケーションを取るためのツール

1 誰かと何かの問題を話し合う場合、前述したやり方を試しましょう。「□

のとき（動揺した出来事のことを言う）、[　　]と感じたの（感情を挙げる。傷ついた、悲しい、無視されたなど）。こんなふうに感じたとき、わたしは[　　]したくなるわ（実際にしたいと思ったことを説明する。叫ぶ、逃げ出す、沈黙するなど）。わたしが心から望んでいるのは、あなたが[　　]することなのよ。あなた、[　　]できると思う？」

2 激しい怒りにかられたとき——特に相手がわが子のとき——には「タイムアウト」を取りましょう。必ず相手に、落ち着いたらまた話をするからと伝えてください。問題が解決しないときには、見解の相違を認め合うことです。

3 相手の考え方を理解するよう努めると同時に、迎合することなく自分の側に留まるよう努めましょう。

4 ドン・ミゲル・ルイスの『四つの約束』を読みましょう。

18

心配性

くさい考えは飲酒につながる。
――**AAのスローガン**

以前、あるＡＡのミーティングで、「朝起きると寝台の支柱にハゲワシが止まっていた」という話を聞いたことがあります。まだすっかり目が醒めていないうちに、ハゲワシが言うそうです。「おお、起きてくれてよかった。ちょっとあんたに言っておかなくてはならないことがあってな。あんたはまだまだダメだ。力不足だ。みんな、あんたより痩せていて、金持ちで、利口だ」

そんなハゲワシは絶対に撃ち殺さなくてはなりません。このハゲワシは、わたしたちの「くさい考え」、すなわち、わたしたちを自信喪失と心配性とで立往生させつづける、ネガティブな心の声です。心配というのは、揺り椅子に座っているようなもので、行ったり来たりするのですが、結局どこにもたどり着きません。

回復途上にあるわたしたち母親の大半は、くよくよ悩むという点では黒帯レベルの才能があると言えます。実際、わたしたちはおそらく、自分が心配するのをやめたら、地球はきっと自転しなくなると思っています。自分はどうしても、わが子や家庭や地球やわたしたちに起こるかもしれない恐ろしいことすべてに注意を払わなくてはならないと感じているのです。そういう状態だと、やたらに用心深くなるため、周囲はみな、気が変になりかねません。自分自身や自分の子どもたちのために一番よいのは、恐れから不安を募らせるのをやめることです。

心配性は絶対に伝染します。双子のネガティブ・ネリーとナーバス・ナンシーがその辺にいたら、まったく楽しくありません。クヨクヨ・クリスになってしまう前に、できるだけ早くふたりから逃げましょう。

わたしの友人のひとりは、自分の心配性は祖母と母親から引き継いだものだと言っています。ふたりはいつも、片方の靴が脱げるんじゃないかと心配していたそうです。それがいずれ幸運をもたらすガラスの靴になるかもしれないとは、決して思わなかったわけです。どうしてハッピーエンドを想像してうっとりすることがないのか、わたしにはとても興味深く思われます。この友人が断酒して2年たったころのエピソードをお話ししましょう。ルームメイトが帰宅すると、彼女が動揺してソファに座りこんでいたため、「ねえ、どうしたのよ？　何か悪いことでもあったの？」と訊いたそうです。すると、彼女は、「悪いことなんて、何もないわ……だから、心配なの」と答えたとのこと。わたしたちは、こうしたいかれた思考を笑い飛ばさなくてはなりません。

いくらくよくよ悩んでも、なんの役にも立ちません。行動は役立ちます。回復に入ったとき、わたしたちが最初に学ぶことのひとつは、1日1日を大切に生きることです。いっときいっときを大切にするだけで精いっぱいという日もあるでしょう。というのも、この一瞬なら、何も心配することはないからです。回復中、スポンサーが、「くさい考え」は飲酒につながることを教えてくれます。そういった考えのひとつに心配があります。心配は、頭のなかで何度でも繰り返しぐるぐる回りつづける、常習性のある思考です。

断酒を始めてから11年目にして、わたしはついに、自分には「思考の問題」があることを理解しました。わたしは12ステップに何度も取り組み、ＡＡでもアラノン[†1]でも、積極的に活動しました。無数のミーティングに出かけていき、スポンサーがひとり、スポンシーはたくさんいました。大好きな職に就き、すばらしい3人の子どもに恵まれ、すてきな友人や親戚にも恵まれました。活発で、社会的に成功し、見た目もまずまずでした。自分に自信をもっていましたし、自分が運に恵まれていることもわかっていました。ところが、依然としてネガティブな考えに悩まされていたのです。「今のままではダメよ。いつか失職して、年を取ったらひとり寂しく死んで、猫たちがわたしの上をうろつき回るんだわ」

わたしだけがこんなネガティブな考え方をするのではないことはわかっています。わたしたちの大半は、最悪の事態を予想しながら右往左往しています。お金が足りない、時間が足りない、頭が足りない、もっときれいにならなくちゃ、もっと細くならなくちゃ……。このネガティ

18 心配性

ブ思考をなんとかしようと思うなら、まさに今がそのときではないでしょうか。そして、わたしは自分に言い聞かせました。この「足りない」云々は、もうたくさんよ！

あるとき、心配を断つためのすばらしい治療法を聞きました。ある女性がスポンサーに、自分が抱いている恐怖の長いリストについて話しています。「仕事をなくしたらどうしよう？　子どもが落第したらどうしよう？　小惑星が家にぶつかったらどうしよう？」という具合です。女性は未来を旅していました。スポンサーはその点を指摘して、「ねえ、雪が降らなきゃ、雪かきはできないわよ。雪が降ったら、わたしはシャベルをもってすぐにお宅を訪ねるわ。でも、教えてあげる。わたしたち、砂漠に住んでいるの」と言いました。このちょっとした話は、わたしが強迫的な堂々めぐり思考に入りそうになるとき、とても役に立ちます。マーク・トウェインの言うように、「これまで自分に起きた最悪の事態は決して起きることはなかった」のです。

わたしたちが母親としてもっとも心配しているのは子どものことです。わたしたちにできることで、一番子どもたちのためになるのは、行動の起こし方を示すことであって、何かを心配することではありません。くよくよ悩んでいる状態で暮らしていると、実際に活動することはできません。片足を未来に、もう一方の足を過去に置いていたら、現在を逸してしまいます。

わたしが見つけた最高のツールのひとつは、「神さまの箱」でした。靴箱などを使って、自分で作ることができます。スロットやラベルはあってもなくてもかまいません。わたしは、何かを心配していたり、何かのことが頭から離れなくなったりしたら、その心配事を紙片に書き、神さまの箱によく入れたものです。わたしの場合、からだを動かすことで、それを放っておきやすくなりました。ときには、来る日も来る日も同じ心配事を書いて箱に入れたこともあります。そんなある日、わたしは思いました。そうよ、もしわたしのハイヤーパワーがいやなことを全部引き受けられるとしたら、よいことを箱に入れたっていいんじゃないの？　そこで、ハワイに行きたいとか、物書きになりたい、すばらしい生涯の伴侶に出会いたい、銀行にお金を預けたい、新しい友人がほしいなど、希望やら夢やらを書いて、箱に入れはじめました。たまに以前を振り返って、箱に入れたものを読み返すのも楽しかったです。心配していた事柄はすべて、申し分なく進んでいるようでしたし、以前には最悪だと感じたことも、何カ月かあとには、滑稽に思えることもありました。

こうしたシンプルなやり方で、生涯役立つツールを子どもたちに与えることができます。なんとすばらしい贈り物でしょう！　子どもたちが問題を抱えてわたしのところに来ると、わたしは話を聴いたあと、しばしば、「お祈りをして、それは放っておいたらいいわ。神さまに驚かせてもらいなさい」と言って会話を終えました。

このことは、離婚して子どもたちが毎晩わたしといるわけではなくなったあと、わたし自身が学ばなくてはならないことでした。親権の分割というのは、子どもたちが半分は父親の家にいるということでした。ある晩、末子のジョゼフが父親の家から電話をかけてきて、「ママ、ぼく、ママがいい。迎えに来て」と言いました。夫がそれを許すはずがありません。「いくら子どもがきみを必要だとしても、そのたびに子どもを連れ戻してはいけないよ」と夫は言いました。胸がつぶれる思いでした。でも、それが今の現実です。わたしは電話で息子を励ましつづけ、息子はなんとか大丈夫になりました。わたしは息子のことを思うと胸が張り裂けそうでした。ただただ息子を抱きしめたいと思いました。あまりにつらくて、ベッドでからだを小さく丸め、さんざん泣きじゃくりました。やがてわたしは、温かな毛布にくるまれた子どもたちを神が抱きかかえ、3人が眠りに就くまで優しく揺り動かしてくれているところを思い浮かべました。そして、自分のハイヤーパワーには、どうかわたしを同じように温かな毛布でくるみ、眠りに就くまで優しく揺すってくださいと頼みました。

それから早15年、その息子が昨日わたしに電話をかけてきました。息子はここ数カ月、大学ラグビーのコーチからの知らせを待っていました。第1志望の大学への早期入学者に選ばれて、その大学でラグビーができるかどうかを知らせてもらえることになっていたのです。わたしは回復しながら学んだあらゆるツールを駆使して、息子に話しました。「ね、あなたは自分のできることを全部してきたわ。だから、今はあれこれ考えずに、自分にぴったりの大学に行けると信じていましょうよ。ひょっとして……とか思って、なんか想像しているみたいだけど、実際、まだ結果はわかったわけじゃないんだから、よい展開を想像してもいいんじゃない？　ほら、お祈りをするのよ。きっとお祈りが届いて、ちゃんとなるようになるから」

2時間後、再び息子から電話がありました。コーチがじきじきに電話をくれて、選抜リストに載ったと知らせてくれたそうです。

もうひとりの息子ジェームズは心配性でした。わたしが安全かどうか、心配ばかりしていました。父親の家にいても、しょっちゅう電話をかけてきて、「ママ、ドアの鍵、全部閉めた？ストーブが消えているか、確認した？」と訊いたものです。ジェームズは、わたしが自分のことをちゃんとできるか心配でたまらず、わたしを守りたかったのです。彼が10代になったとき、わたしはいつも、「これ、やった？　あれ、やった？　あれとこれとそれ、忘れないで」と彼に言っていました。1度、ドライブ中にいつもの心配モードに入ったら、「ママ、心配ばっかりしているけど、それって、すごくイライラするんだよ！」と言われました。「そうね、あなたの言うとおりだわ。こんなこと、やめなくっちゃね。じゃ、こうしよう。わたしもあなたのことを心配しないから、あなたもわたしのことを心配しないでね」と、わたしは返答しました。車内には安堵感が漂い、わたしたちはそのあと、1日を楽しむことができました。

つい最近、ジェームズとわたしはまたドライブをする機会があり、そのとき彼がわたしに、今誰かと付き合っているのかどうか訊いてきました。「付き合ってないわよ。どうしてそんなこと、訊くの？」と言うと、彼は、「いやぁ、ジョゼフがもうじき大学に行っちゃうだろ。だから、ママ、ひとりっきりになるなあと思ってさ」と答えます。わたしが、「ひとりっきりになんてならないわよ」と言うと、彼は、「ああ、そうだった！　ママにはＡＡがあったね」と言いました。

アラノンに来ているある女性が、自分はいつも子どもたちのことが気がかりだったけれど、子どもの心配をしないことで、日々埋め合わせをしたと話しているのを聞きました。わたしたちは回復しながら、自分の考え方を意識しつづけなくてはなりません。そうしないと、再発のリスクを負うことになります。

＋断酒を目指す母親が心配性を手放すためのツール

1. 自分の「くさい考え」に、「あっちに行け」と言い、ネガティブな考えをポジティブな考えに置き換えましょう。
2. くよくよ悩みはじめたら、「この状況について、今すぐ自分にできる行動はあるだろうか？」と自問しましょう。もしあるなら、悩んでいないで、それをしましょう。
3. ポジティブな人たちと親しくしましょう。
4. 瞑想してみましょう。瞑想は心を鎮めるすばらしい方法です。
5. 「神さまの箱」を手に入れるなり、作るなりしましょう。悩みも期待も夢も、すべてその箱に入れて、何が起きるか見ましょう。

◉訳注

1——アルコール依存症者家族の自助グループ。

19

家庭内での虐待と暴力を生き延びる

わたしは頭がおかしいわけでも、落ち着きがないわけでもありません。わたしは虐待を受けたのです。それを生き延びたのです。

——発言者不詳

わたしたちは家庭内で発生する虐待を、テレビ番組『コップス－全米警察24時』で取り上げられているような、何かドラマティックなものだと思っているかもしれません。こういう番組には、911番通報[†1]があり、包帯を巻いた女性が登場し、男が刑務所に引っ張られていくといったシーンが出てきます。いかにも10時のニュースのヘッドラインにおあつらえ向きな大事件といった感じです。でも、虐待はそのようなドラマティックなものではありません、それは、同じ区画にある静かな家の閉じられた扉の内側でも起こっているものなのです。そして、依存症と同じように、家庭内での虐待も、その人の立場を考慮してくれません。男女を問わず、豪邸に住んでいる人も、高学歴の人も、物騒な地域に住んでいて次の食事にありつけるかどうか定かでない人も、なんの不足もない人も、その被害に遭っています。共通する特徴は、こうした人びとはさらなる虐待を受ける恐怖のなかで生きているということです。彼らはそこから離れなくてはいけないことはわかっているのに、囚われているように感じ、自分が置かれた状況を恥ずかしく思っていることです。

子どもたちもこの恐怖の犠牲者です。母親が目の前で虐待されているのに、自分にはそれを止める力がないと気づくのがどんなに恐ろしいことか、想像してみてください。家庭のなかで暴力を目撃することで受ける心の傷は、世代を越えて引き継がれる可能性があります。虐待のある家庭で育った子どもはそうでない子どもに比べて、やがて自らも虐待の被害者もしくは加害者になる可能性が高くなっています。

必ずしもすべての虐待が暴力によるものとは限りませんし、911番通報で終わるものでもありません。それよりもはるかに陰険で、はるかに蔓延しているのが、人の自信を徐々にむしばんでいく心理的虐待です。継続的に操られ、おまえにはなんの価値もないと言われつづけると、まさに自己そのものを失いかねません。性的虐待は、意志に反して何かをすることを強制する力が働くとき、あるいは、性的に卑しめるやり方で扱われるときに起こります。司法省のウェブサイトにあるこの定義は、虐待行為の範囲を次のように説明しています。

家庭内暴力（DV）は、パートナー間の関係がいかなるものであれ、一方が、他方に対する力と支配を維持するために使う虐待行動のパターンである。[†2] 身体的行為のこともあれば、性的行為、感情的行為、経済的行為、心理的行為のこともあり、それらはすなわち、相手に影響を与える行為による脅しである。これらの行為には、萎縮させる、操作する、屈辱を与える、孤立させる、怖がらせる、威嚇する、強制する、脅迫する、非難する、身体的／精神的に傷つける、などがある。

わたしがラトーヤに会ったのは、彼女が断酒を始めて2年が経ち、家庭内暴力の長期的影響に対する助けを求めていたときでした。彼女は相手のジョンとの関係を説明するなかで、魅力的だったジョンがいつも自分と一緒にいたいと言ってくれたときは気分がよかったし、最初は愛されていると思ったと言っています。それに、彼が自分と同じくらい酒好きだったことも嬉しく思ったそうです。それは、ラトーヤとジョンと酒という三つ巴の問題でした。最初は彼のひたむきさを愛していましたが、すぐにそれが息苦しくなりました。付き合いが数カ月になるころには、彼女が仕事から帰るのが遅くなると、その理由を尋ねるようになりました。彼は見境なく嫉妬し、彼女が職場の男性たちに惹かれていると言って彼女を責めました。ラトーヤは、ジョンの行動の原因は彼の厄介な過去にあると考えて、もっと愛情を注ぎ、もっと優しくしようと決心しました。

ジョンがさらに彼女の時間を独占しようとするようになると、彼女は折れて、家族や女友だちに会うのをやめました。ラトーヤの生活は周囲から隔離されたものになりました。やがてジョンは依存性の強い麻薬を使いはじめ、すべてが悪化していきました。ジョンはラトーヤに激怒してさんざん殴りつけ、翌日になると後悔し、花を買ってきて許しを請い、涙ながらにもう2度としないと約束するのでした。喧嘩が激しくなればなるほど、償いは情熱的になっていきました。

ジョンは自分の都合のいいように人を操る名人で、現実を歪曲することができ、喧嘩の原因はとにかくラトーヤにあるのだと言って、彼女を納得させました。「おまえがおれにうるさく言わなければ、おれはカッとなったりしないんだから、おまえに問題があるんだ」と言い張るのです。彼女はもうろうとしていたり、気を失ったりしていましたから、簡単に言いくるめられました。そして、責めを負わされました。

ある晩、ラトーヤはジョンに殴られて床に叩きつけられ、それはそれは恐ろしい思いをしました。そのとき、もう2度と責めは負うまいと心に誓いました。彼女は緊急用ホットラインに電話をかけ、シェルターに身を寄せました。彼女はやっと安全になり、ほかの女性たちの話を聞いて、自分がひとりぼっちではないことを知りました。カウンセラーは彼女に、「あなたに責任はありません。あなたには、とにかく癒しが必要です」ときっぱり言いました。

この安全な場所にいるようになってしばらく経ったとき、ラトーヤはカウンセラーに、飲酒をやめられずにいることを白状しました。カウンセラーは彼女を女性のためのＡＡミーティングに何度か連れていきました。彼女はこうして、アルコールで自分と同じような体験をしてきた女性たちのコミュニティがあることを知るようになったのです。セラピーに加えて、ＡＡのプログラムにも助けられ、彼女は生活の建て直しに取り掛かりました。体力と内的な強さが少しずつ戻ってきて、彼女の生活は変わりはじめました。

ラトーヤは当初、かつての生活パターンをなかなか見つめることができませんでした。かつてと同じ破壊的な人間関係を自分の過去から再び創り出さないようにするのに、ずいぶん苦労しました。でも、回復に取り組む友人たちに助けられ、今では、自分には価値があり、自分の人生は大切なものだとわかっています。

リーという名の別の女性は、ＡＡのスポンサーと一緒にプログラムに取り組みはじめたとき、生まれて初めて誰かに無条件で愛されていることを実感したと言っています。彼女のスポンサーは、ひたすらリーにとって最善のことを望み、返礼は何もほしがりませんでした。リーのそれまでの親密な人間関係はすべて、苦痛に満ちたものばかりだったのです。

リーは大学時代に、のちに夫となるゼイヴィアと出会いました。ゼイヴィアは活動的で、実業家として大成功していて、彼女をいつも笑わせてくれました。リーに対して、最初はとても優しく、申し分ありませんでした。ところが、一緒にいる時間が長くなるにつれて、彼女を批判し、萎縮させることが多くなっていきました。まずは料理についてでした。「こいつ、クソみたいな味がするな——料理くらい、できるようになれないのか？　せっかく家に帰ったのに、こんなものを食べなきゃならないのか」などと言います。次は服装についてでした。「おまえの恰好、まるで田舎者じゃないか。みっともないんだよ。一緒にいるところを見られたら、恥ずかしくてかなわない」

リーは、自分のすることはすべてダメなような気がしてきて、一生懸命努力するのですが、一方では絶望的な気持ちになっていきました。人の自尊心を陰険なやり方で傷つけるのは虐待的行為であり、もっとも破壊的な人間行動のひとつです。絶え間ない批判は、人の心の芯となっている自分自身についての感情を腐らせかねません。

不幸なことに、リーにとって、この種の攻撃は初めてではありませんでした。彼女は家族のスケープゴートとして成長しました。彼女のふたりの妹はなんの落ち度もないかわいい娘として、拝められるかのように大切にされていたのに、リーは常に両親の怒りの標的であり、イライラの種であり、未解決の問題でした。彼女は言葉による虐待を受けただけでなく、平手で打たれ、逆手で打たれ、殴られました。「あんたって子はどうしてそんなに悪いの。あんたなんか生まなきゃよかった。ほんとにバカだね。きっとろくな人間にならないよ」と、何度も繰り返し言われ、こうした考えや侮辱を自分のなかに取り込んでいきました。彼女はこう言いました。「子どものころに両親から言われたことをわたしは信じていました。自分はまったくダメな子だって——。大人になって、男性から同じことを言われるようになっても、そうだろうなという感じでした。『そうね、あなたがわたしのことをそう思うのなら、そうに違いないわ』と思ってしまうのです。わたしは、ほんの幼いころから虐待的な侮辱をうんざりするほど聞かされて成長しました。だから、虐待する人が変わっただけで、虐待される生活には昔から慣れっこなんです」

人は自分がすでに知っている土地へと流れ着くと言います。虐待され、萎縮させられてきた女性は、無意識のうちに別の虐待者に惹きつけられるようです。

ゼイヴィアはふたりのお金を支配することによって、彼女をうまく隷属状態に置きつづけました。リーは自分の飲酒が抑えられなくなったことを自覚すると、罪悪感をもち、ひどい扱いを受けるのは当然だと思うこともありました。そのうちに、ゼイヴィアは友人たちの前で、リーが傷つくような皮肉を言い、彼女をからかいはじめました。彼はかつて彼女の両親がしたのとまったく同じように、彼自身の怒りや憤怒の感情を、遠回しにリーに向けていたのです。ふたりとも酔っぱらうと、虐待はエスカレートし、争いはさらに激しくなり、ときには彼が彼女を殴ることもありました。普段の虐待はたいていもっと陰険で、持続性があり、侵略的であり、操作的でした。「もしもおれの言うとおりにしないなら、おまえの人生をめちゃめちゃにしてやる」というのが、そのメッセージでした。

彼女はこう言っています。「もしもわたしが充分に強かったら、彼がこんなふうにわたしを扱いはじめたとき、すぐに反対の方向へ逃げたことでしょう。断酒をするようになってやっと、わたしたちをつないでいた鎖があまりに強すぎて壊すことができないのだと理解するようになりました。いえ、というよりも、そのことがわかったときにようやく、そこに鎖があるという事実に気づいたのでした」

当時、彼女は体面を保ったままなんとかしたいと思っていました。というのも、その結婚は2度目だったので、あまりに恥ずかしくて、また間違いを犯したことを認めることができなかったのです。飲酒は、この惨めな生活の現実を見えなくするのに役立ちました。

ゼイヴィアは多くの虐待者と同じように、もしもリーが出ていくなら、息子の親権は自分がもらうと言って脅しました。「誰が見たって、親権はおれのものだ。何しろ、おまえはアル中だからな」と言うのです。脅しは、虐待者がパートナーを恐怖状態に留めるために使う主要な手です。リーはわたしに言いました。「彼の言うとおりにしたほうがいいんだわ。でないと、彼は子どもを連れていってしまい、わたしは友だちもいない状態で見捨てられてしまう——そう思うと、毎日怖くてたまらないんです」

ついに、リーにターニングポイントが訪れました。自分に対する夫の虐待は6歳の息子にも影響を与えていて、家族で飛行機に搭乗したとき、それを目の前に突きつけられたのです。リーが窓際の席に座ろうとすると、ゼイヴィアは廊下側に座るよう、彼女に命じました。彼は公衆の面前で、「このアマ、おれの言ったとおりに座れ！」と怒鳴りました。そして、6歳の息子が夫の言ったことを繰り返し、「そうだよ、このアマ、座れ」と言ったのです。幼い息子が父親の行動をまねているのを見るのはショックでした。さらにリーは、この光景が自分に対する両親の扱いを再現していることにも気づきました。

結婚生活の最後はとりわけ残酷でした。リーは入院していて、がんの手術から回復しているところでした。そこへゼイヴィアがやって来て、愛人とヨーロッパに行くことになったので、リーには離婚届用紙を送ると言ったのです。これを契機に、リーは12ステップのミーティングに初めて参加することになりました。何カ月ものあいだ、リーはどのミーティングでも泣きつづけました。でも、依存からの回復に取り組むことによって、彼女は救われ、自分の生活を取り戻しました。

回復に入ったあと、リーは大学に戻り、博士課程に入りました。彼女は今、トップランクの大学の教授で、その分野の花形であり、さまざまな学術雑誌に論文も発表しています。彼女が今の生活にたどり着くまでに歩いてきた道は、ＡＡのミーティング会場や他の12ステップのプログラムで聞いたなかでも奇跡的なもののひとつです。彼女は子ども時代と結婚生活での虐待を生き抜きましたが、もしも断酒していなかったら、その虐待は完膚なきまでに彼女の人生を破壊していたことでしょう。回復の各ステップに取り組みながら、彼女は多くのツールを身につけ、自尊心を強化してきました。彼女はそれについて、次のように語っています。

「以前に比べたら、わたしは今、はるかに精神的にバランスが取れ、安定もしています。弱々しいところが減り、自分のハイヤーパワーに健全な形で頼っています。わたしが自分ではできないことを、神がしてくださいました。わたしは自分が果たした学問上・職業上の業績を誇りに思っています。この仕事を通して、わたしは無数の他の女性たちを助けることができます。自信喪失はきわめて有害で、うっかりその穴に落ちていきそうになると、わたしはスポンサーに電話をかけ、AAかアラノンのミーティングに出かけます。自信喪失と自己嫌悪はもっとも破壊的な弱点のひとつであること、わたしにはそんなところに留まっている余裕がないことが、やっとわかるようになってきました。現在、わたしは境界線を引いています。わたしは両親に同情はしていますが、わたしに対する虐待は、もう2度とさせません」

彼女のユーモアのセンスも、前夫について冗談が言えるまでに回復しています。彼女は古くからある南部の表現を使って、「あの男のハラワタに火がついても、その喉にお小水を流し込んでやるつもりはありません」と言っています。

リーの息子はいっときのあいだは、父親がよくやった言葉による虐待をまねつづけていましたが、家族カウンセリングを受けてからは、行動が改善しました。今では母親に敬意を払って接するようになっています。破壊的なサイクルは断ち切られ、ひとりの女性の断酒がすべてを変えました。

✚ 断酒を目指す母親が家庭内での虐待や暴力を生き延びるためのツール

1 まず、虐待はあなたの責任ではないということ、あなたはひとりぼっちではないということに気づきましょう。支援を求めてください。カウンセラーやシェルターを教えてくれる地域の緊急用ホットラインがあります。

2 もしもまだ家にいるなら、「避難用スーツケース」を用意しましょう。そのなかには、あなたとお子さん用の着替え、現金を少々、あなたの社会保障カードとその他にも身分を証明できるものを入れておきます。そうすれば、いざというとき、すぐに出ていくことができます。

3 信頼できる友人や親戚に、あなたの状況を確認してほしいと頼みましょう。

4 虐待されている、相手の好き勝手に操られている、脅されている、身の危険を感じているという場合には、黙っていないで、誰かに話しましょう。安心できる家族や友人のところに行き、そこに留まりましょう。今の状態のまま暮らす必要はありません。

◉訳注

1――アメリカの緊急用通報番号。

2――アメリカで言う家庭内暴力（DV）は一般的にパートナー間のものを指し、児童虐待は含まれない。

20

恥の感情

恥とは、誰かがあなたについた、
あなた自身に関する嘘です。
――アナイス・ニン

罪悪感とは、自分の行動に関するものであり、恥とは、自分がどういう人間か、自分が自分自身のことをどう感じているかに関するものです。罪悪感は、「自分は悪いことをした」という気持ちなので、自分が変えたいと思っている行動を示していることもあります。他方、恥は、自分を傷つけ、自分を責め、自分に唾を吐きかけながら、自分は役立たずだと言うこと以外、まったくなんの役にも立ちません。恥が最悪のレベルにまで達すると、生きていく意味が見出せなくなります。『「ネガティブな感情」の魔法』の著者ブレネー・ブラウンは「恥とは、自分には欠点があるから愛や親密な感情に値しないという信念から生じる、激痛を伴う感情もしくは体験」だと言っています。恥は事実に基づいたものではありません。誰かに自分を否定されたときに信じてしまった嘘です。したがって、わたしたちが回復に取り組みながらすべきことは、美しい本来の自分を取り戻すことです。回復の道をたどりながら、嘘を信じるのをやめることです。

わたしたちは、自分が母親として不充分であることを人に知られたくない、と思っています。子どもをほったらかしにして飲みに出かけたり、薬物を使ったりすること、あるいは、安心できない人物に子どもを任せてしまうことについて、しばしばぞっとするほど恥ずかしいことだと感じています。子どもの貯金箱からお金をくすねてアルコールや薬物を手に入れたことのある人もいるでしょう。おそらく何度となく嘘をついてきたはずです。その上、「本当にごめんね、からだの具合が悪かったの。次のバレエの発表会には必ず行くから」などと言っておきながら結局行かない、といった具合に約束を破ったことも含めたら、この手の失敗はそれこそいやというほどあるはずです。深く絶望している女性たちが、「わたしは子どもたちを憎んでいるし、子どもたちもわたしを憎んでいる」というようなことを言うのを、わたしは聞いたことがあります。

リーサはAAで知り合った友人のひとりで、自分の恥の話をしてくれました。彼女は5人きょうだいの2番目として育ち、子ども時代に兄から、「おまえはデブでバカでブスだ」と言われつづけました。傷ついた彼女が泣きながら両親のところに走っていくと、両親はただ、「泣くのをやめなさい。泣きたいなら、自分の部屋に行きなさい」と言うだけでした。彼女は両親に自分を守ってもらう必要がありました。言葉による虐待をやめるよう兄に言ってもらい、兄は間違っている――つまり、「おまえはきれいで、頭がよくて、かわいらしいよ」――と言ってもらう必要がありました。でも、それらのニーズが満たされることはなく、兄は相変わらず彼女の悪口を言い、彼女を侮辱しつづけました。

この状態が続くことを両親が許したため、リーサは、兄の言うことは正しいに違いない、両親は兄と同じことを思っているのだと考えるようになりました。彼女は自分でも兄の言葉どおりだと思うようになり、その思いを抱えたまま育ちました。周囲を見回すだけで、その証拠は簡単に見つかりました。学校では、自分より成績のよい生徒がいたため、自分はバカだと思いつづけました。鏡を覗けば、そこにはデブでブスな女の子がいました。彼女は太ってなどいませんでしたが、5年生のときにダイエットを始めました。でも、どんな体重になっても、自分はデブだと思いつづけました。さらに、自分はあまりかわいくないから男子に好かれないのだとも思いつづけました。そして、初めてアルコールを飲んだとき、ついに自分をむしばむネガティブな感情からの逃げ道を見つけたのです。あっという間にそのネガティブな感情はアルコール依存の餌食になりました。

恥辱的な感情を繰り返し体験すると、わたしたちは自尊心を見出せなくなり、簡単に薬物使用や飲酒へと舞い戻ってしまいます。自分が自分自身についてどう感じているかということや、自分自身に関するネガティブな感情をどう押し殺しているかということについては、そうそう人に話せるものではありません。これらは、再使用につながりかねない秘密の恥です。アルコール依存症者や薬物依存症者にとって、実際、恥は命を奪うものでもあるのです。

マリアは3人の幼い子どもをもつ母親で、回復が思うように進まず、再使用を繰り返していました。自分が繰り返し発作的に痛飲することは、恥ずかしくてとても人には言えません。周囲には、自分は「しっかり」していて、生活をコントロールできていると思ってほしかったので、再使用を打ち明けようとはしませんでした。AAのミーティングに出席しても嘘をつき、自分はうまくやっていると話しました。再使用のせいで子どもたちや家族が傷つくのは、彼女にとってどうにも耐えがたい恥でした。

しらふのとき、マリアは自分の恥について語ろうとはしませんでしたが、アルコールが入ると、ろれつが回らなくなりながらも、「あの子たちを産まなきゃよかった。あの子たち、わたしが死んだほうがもっと幸せなんじゃないかしら。わたし、あの子たちの生活を台なしにしてきちゃったわ。わたしって、どうしようもない負け犬ね」と言います。アルコールが抜けると、シャワーを浴びて着替え、またいつもどおりの生活を続けます。

わたしはマリアが再び飲みはじめたとき、何度も彼女の力になろうとしました。あるときなど、1週間のうちに病院に1回、解毒センターに2回連れていきました。でも、その後、他の4日間の大量飲酒については、ひと言も口にしませんでした。わたしは頻繁に「調子はどう?」と尋ねましたが、彼女はいつも、「ええ、元気よ」と言い、何事もなかったかのように振る舞っていました。マリアは苦しみがあまりに大きすぎて、それについて話すことも助けを求めることもできないでいるのだと、わたしは理解しました。残念ながらマリアは、恥の感情と未治療のままであったアルコール依存症のために命を落とし、子どもたちは母親を失ってしまいました。

シェリーという女性も、25年間断酒したのちに、鎮痛薬を服薬したことをきっかけに、ほんの短期間ですが再使用したことがあります。シェリーは12ステップに取り組んでいましたし、スポンシーも何人か担当していたので、プログラムによる土台がしっかりしていました。そして、もし再使用を告白しなかったら、また病気に逆戻りして2度と回復できないのではないかという思いに襲われて、女性のためのAAの定例会に出てきました。彼女にとって、自由とは事実を伝えることでした。自分のグループに話をしなかったら、自分はダメになる――それがわかっていたのです。彼女はAAの女性グループからケアと愛を受け取っただけでなく、再発の危険について話したことで、それまで以上の敬意も勝ち得ました。

その1週間後の同じミーティングで、レイニという名の女性が、2週間前に再使用したことを打ち明けました。レイニは、シェリーが自分の再使用を告白したミーティングに出席していて、おかげでこうして自らの再使用を認める勇気が出たというのです。シェリーは、恥の感情から抜け出すには正直と勇気が必要だということを、身をもって証明しました。断言はできませんが、恥ずかしく思うことなど何もないというメッセージを伝えることによって、シェリーはたぶん、レイニの命を救ったのでしょう。

わたしたちが罹っているのは、わかってくれる別の依存症者に話すことで治療できる病気です。恥に支配されていると、自分に自信をもつことはできません。恥の感情は、巨大な津波のように「わたしはわたしであることが恥ずかしい」という感覚をもって、圧倒的な勢いでわたしたちに突然襲いかかってきます。

ジャスミンにはうつ状態に苦しむ母親がいました。母親は親切で愛情豊かな人でしたが、自分と他の母親を比較しては、いつも自分はダメだと感じていました。ある日、その母親がジャスミンに、自殺を考えていると言いました。ジャスミンは母親を説得して思いとどまらせましたが、心のなかに理不尽な恥辱が残りました。もしもわたしがもっとよい娘だったら、母はあんなうつ状態にはならなかったろうに、と思ってしまったからです。

わたしたち女性は、ほかの誰かの恥辱的な感情を簡単に引き継いでしまうようです。現在、ジャスミンは回復途上にあり、母親に同情は寄せていますが、それに留まらず、自分が自由であり、恥を抱えつづける必要のないことをしっかり理解して生活しています。回復は間違いなく、恥の解毒剤となります。

回復のプロセスにおいて学ぶべきことのなかでもっとも重要なことは、わたしたちは病気に罹っているという事実です。依存症は、糖尿病やがんと同じ病気です。以前あるミーティングで、「わたしたちは優秀になろうとするダメ人間ではなく、健康を取り戻そうとする病人だ」という言葉を聞いたことがあります。以前のわたしはしょっちゅう、わたしって最低最悪のダメ人間だわ、とひとり言を言い、自分に悪態をつき、子どもたちや家族を落ち込ませてばかりいる自分を責め立てていました。

別のある女性が語った恥に関するエピソードは、幼い子ども時代に始まったものでした。「わたしは今までずっと、自分にはなんの価値もなく、どうしても人になじめないと感じてきました。まだ幼かったころに、信じられないほど恥ずかしい思いをして、自分はきっと罰を受けるはずだと震え上がりました。恥という罰は容赦ないものです。悪いことは何もしていなかったのに、これは宿命だと思い込み、恐怖や自信喪失がどんどん広がっていきました」

こうした強い恥の感覚をもつ女性は実にたくさんいます。そういう女性たちは、プログラムに参加した当初、自尊心が乏しいどころか皆無といってよいほどです。わたしはスポンサーの力を借りて、自分の本来の姿がハイヤーパワーの無垢な子どもだと納得できるようになりました。わたしは自分を責めそうになると、よく心のなかで祈ったものです。「神さま、わたしがあなたと同じ見方で、自分を見られるようにしてください」

『ビッグブック』の第5章には、「わたしたちは神に、恐怖を取り除いてくださいと頼みます。そして、わたしたちが神の意図された自分の姿に注目できるようにしてくださいと頼みます」とあります。さらに、第9章には、「神はわたしたちに、幸せであってほしい、喜びに満ちていてほしい、自由であってほしいと願っています。わたしたちはそのことを確信しています」とあります。自己嫌悪に陥っているとき、わたしは確かに自由ではありません。あの恥や自己不信、自己嫌悪は、わたしがこの人生で抱えたあらゆる困難の根底にあるものだということが、わたしはわかるようになりました。「唯一の本物の罪は自己嫌悪だ」と言った人もいます。そういうわけで、わたしは、祈りを唱えられるようになり、そのあと、本来の無垢な状態——幸せで、喜びに満ちて、自由な状態——に自分自身を立ち返らせることもできるようになりました。

ブレネー・ブラウンは、自分を責め立てていることに気づいたら、立ち止まって、「ああ、自分は今、弱いと感じている」と言ってみてはどうだろう、と提案しています。恥という感情がホットフラッシュのように生じると、わたしたちは、ひたすら自分の弱さを感じることになります。たいていの人は何がなんでもこの弱々しい思考を押しつぶそうとしますが、断酒中のわたしたちは、弱いと感じていいことに気づいています。わたしは今、そういう気持ちを抱えて座った状態で、すべてを知る必要も、すべてである必要も、すべてをする必要もないと自覚して、力を得ることさえできます。以前のわたしは、不安も、弱さも、一瞬たりとも感じたくなくて、多くの人間関係やチャンス、自分の夢をしょっちゅう断ち切っていました。今では自分の感じ方を変えることができます。一番手っ取り早いのは、「わたしは、わたし自身の完全バージョンだ」と断言することです。あるいは、オスカー・ワイルドが言ったように、「あなたはあなたであればいいのです。ほかの役割はもうみな、ほかの人に取られていますから」

自己不信は恥から生まれます。わたしはかつて、自分の考えること、することをすべて疑いました。自分の直観を信頼せず、後悔ばかりしていました。きっと失敗するだろうと思っていました。なぜなら、わたしはそもそも「今のままではダメ」だったからです。でも、ひとたび、長年抱えてきた恥が本当の自分ではないとわかれば、気持ちを切り替えて、本当の自分の発見に取り組むことができます。わたしたちの真の自己は、それまで恥じていた状態に向かって、「消えてなくなれ、嘘を言うのをやめろ」と命じます。真の自己は、「わたしは魅力的で、能力と才気にあふれている」と言います。真の自己は、「あなたはそのままで完璧だし、わたしがあなたを見捨てることは決してない」とも言います。真の自己はわたしたちの手を取り、それまで恥じていた状態に向かって「消えろ！」と言い、わたしたちをすばらしいものへと導きます。わたしたちはそれらをこの世界に与えるために、生まれてきたのです。

恥の状態から抜け出し、無垢で、才気があふれている真の自己のなかに入ると、わたしたちはそれまでできないと思っていたことをやりはじめます。小さな一歩ずつながら、自分自身に関するネガティブな信念が間違いだったことを着実に立証しつづけていることに気づきます。わたしは今、自分にできるとは夢にも思わなかったことをすることによって、自分が間違っていたことを証明できて幸せです。

✚ 断酒を目指す母親が恥の感情を克服するためのツール

1 恥について話しましょう。話し相手は、かつて同じように感じた経験をもち、わたしたちを何があろうとも愛してくれて、一緒にいて安心でき、思いやりがあり、偏った判断をすることのない女性です。そういう女性と話すことだけが、唯一、恥という感情を癒してくれます。わたしたちは、「あなたは魅力的で才能があり、尊敬に値する」と、何度も繰り返し言ってもらうことが必要です。

2 あなた自身のなかから恥の感情を取り出して、自分のハイヤーパワーにそれを手渡すところを、はっきり心に思い浮かべましょう。

3 恥ずかしいという思いが湧き上がってきたら、幼い子どもに対応するように、それを扱いましょう。何を必要としているのかをその子に尋ね、それを与える方法を見つけましょう。たいていの場合、かまってほしいと思っているので、「あなたはきれいで魅力的だし、安全よ」と言ってあげましょう。

4 ネガティブな考えが浮かんできたら、それをポジティブな考えに置き換えましょう。心は、ふたつの考えを同時にもつことはできません。

21

セルフケア

自分が自分自身の親友になれば、
人生はもっと簡単になる。
——ダイアン・フォン・ファステンバーグ

しらふの母親になることは、わたしにとって最大の幸福です。これは簡単なことではありませんが、とてもやりがいがあり、わたしはそのための努力を惜しみません。わたしは仕事をもち、料理や掃除、宿題の手伝い、仕事の下準備、車の相乗りなどもすべてやっています。母親になってからというもの、一度として子どもたちから、「ねえ、ママ、ちょっと座って休んだら？　お茶を入れてきてあげるから」などと言われたことはありません。メアリー・ポピンズや『ブレイデイ・バンチ』[†1]のアリスが玄関先に現れて、手助けしてくれたこともありません。あなたにはわかっていただけるかもしれませんね。

回復に入る前のわたしの1日は、いつも次のように過ぎていきました。6時起床、大急ぎでシャワーを浴びて、6時半までには着替えも済ませます。次に、学校に遅れないように子どもたちを起こし、朝食を食べさせ、お弁当を作り、2歳の息子を着替えさせ、5歳の息子が靴紐を結ぶのを手伝い、8歳の娘が髪を整えるのを手伝います。つづいて、急いで3人を車に乗せ、それぞれの学校と保育園に送っていきます。そして、自分が出勤します。わたしは営業担当だったので、儲けを出すためによく歩き回りました。売上ナンバーワンになる必要があったからです。昼下がりになって、朝から何も食べていないことに気づきます。コーヒーを飲んだだけなので、今や空腹な上に疲れてもいて、最寄りのスターバックスに立ち寄り、マフィンを食べ、またコーヒーを飲みます。退社後は、子どもたちを学校からピックアップして、それぞれのスポーツ活動の場に連れていきます。帰宅したら、大きなグラスにワインを注ぎ、夕食を作ります。子どもたちの宿題を手伝い、ワインをお代わりして、子どもたちをベッドに急がせます。子どもたちが寝入ったら、自分の営業レポートを仕上げながら、ワインのボトルを空にします。そして、ベッドに倒れ込み、翌朝また起床、前日と同じことをすべて繰り返すという次第です。

この時期、わたしは小さな女の子の夢をよく見ました。少女はひとり、公園のすべり台脇の遊び場で眠っています。ホームレスのように見えます。髪の毛はもつれ、顔と手は汚れ、衣服はボロボロです。夢には、女性も登場しました。少女の世話をするようです。女性は最初、少女と砂場に座っているだけでした。少女は疲れ切っていて、睡眠が必要でした。少女はやがてわずかに頭を上げ、女性をじっと見つめました。結局、女性は少女を家に連れ帰り、風呂に入れ、髪を洗い、清潔な服を着せ、温かな食べ物をいくらか食べさせました。女性は優しくて面倒見がよく、思いやりがありました。少女は誰かに守ってもらい、ケアをしてもらう必要があったのです。ときが経つにつれて少女は、公園に戻ってほかの子どもたちみんなと楽しく遊びたいと思うようになります。

断酒を始めると、この夢は、かつてのわたしと、AAのミーティング会場によろよろと——疲れ果て、手入れの行届かない服を着て、ひとりでびくびくしながら——入っていったときのわたしを象徴するものとなりました。部屋にいた女性たちは、HALTという頭文字で知られていたシンプルな方法で自分をケアする方法を教えてくれました。空腹だったり（Hungry）、腹を立てたり（Angry）、淋しかったり（Lonely）、疲れたり（Tired）したら〔4つの頭文字を並べるとHALT〕、ちょっと立ち止まって（halt）自分自身をケアするのです。わたしはそれ以前、へとへとになるまで頑張りすぎて、自分の基本的欲求が満たされているかどうかを見きわめるために立ち止まる、ということをいっさいしていませんでした。

わたしはいつも、1本のワインの助けを借りてリラックスし、ストレスから逃れていましたが、断酒を始めると、それに代わるものを見つけなくてはなりませんでした。1日の終わりに入るバブルバスはわたしの癒しの場になりました。ときには、とても耐えられないと思うような日もあり、そういうときは、自分で「ダブル・バブルバスの日」と決め、日に2度、泡風呂に入りました。子どもたちが喧嘩を始めても、もう子どもたちにはタイムアウトを与えず、その代わりにわたし自身が部屋に閉じこもってタイムアウトを取るようにしました。

わたしは引きつづき回復の道をたどりながら、自分を落ち着かせるための方法をどんどん増やしていきました。それらは、今でも効果的に働いてくれていますが、たとえば、自分のために熱い紅茶を入れる、お気に入りの毛皮のブランケットにくるまり、首には温かなラベンダー色のネックウォーマーを巻く、昼寝をする、良書を読む、自然のなかを散歩する、友人に電話をかけて助けを求める、コメディ映画を見に行く、などです。しかも、ストレスを健全に発散する方法を増やすだけでなく、創造的に発散する方法も身につけました。最初は、創造的にと言ってもいったい何ができるのか、まったく思い浮かびませんでしたが、子どものころ、何をするのが好きだったかを考えてみました。そして、絵を描くことや文章を書くこと、ダンスも好きだったことを思い出したわたしは、手始めにそれらをやってみました。こうした方法の場合、絵を描くのに必要なもの以外はいっさいお金がかかりませんでした。

このセルフケアはすべて、わたしが正気を保つのに不可欠なものであり、わたしはこれらに助けられて、子どもたちのためにちゃんとそこにいる、愛情に満ちた母親でありつづけることができました。とは言え、心の動揺が激しすぎたり、疲労困憊していたりして、こうしたケアをするエネルギーがまったく残っていない日もありました。そういうときには、断酒中の別の母親に電話をかけ、「自分のことを大切にしていいのよ」という言葉をかけてもらうとともに、

21 セルフケア

セルフケアの方法をひとつだけ提案してもらうようにしていました。ときには、髪の毛をかきむしりながら自分のハイヤーパワーをののしり、「ちょっと！ 少しくらい助けてくれたっていいんじゃないの！」と大声を上げる日もありました。すると、1度ならず奇跡が起き、聞き上手な人が玄関先に現れたり、電話がかかってきて、しばらく子どもを連れ出そうかと言ってもらえたりするのでした。そういう日には、ハイヤーパワーはわたしのことを見てくれているのだと確信しました。知らないうちに神や子どもたちをののしっているときはたいてい、セルフケアの真の意味を学ばなくてはならないときでした。

からだのセルフケアでは、まず、健康的な食べ物でからだに栄養を与えられるようになる必要がありました。つまり、ちゃんと座って、朝食、昼食、夕食として本物の食べ物を食べなくてはならないということです。顧客との打ち合わせと打ち合わせの間の運転中にグラノーラ・バーをむしゃむしゃ食べ、コーヒーを飲むなどというのでは、食事になっていません。脳にはたんぱく質と野菜、果物、たくさんの水が必要なことをわたしは学びました。運動は以前からわたしの生活の一部になっていて、それがストレスの発散に役立っていることは知っていました。でも、ときには1日運動しない日を作ることによって少しからだを休めることができ、自分を傷めつけずに済みます。20分の昼寝も、わたしを本当に救ってくれるようになりました。わたしの場合、午後3時は常に低エネルギーになる時刻でした。わたしは回復していくなかで、コーヒーをもう1杯飲んでシュガー・ボム[†2]を食べる代わりに、20分の仮眠を取ることを学びました。目覚ましを20分後に鳴るようにセットして、サッと寝るのです。わたしは今でも仮眠の女王です（お母さん、昼寝のメリットを教えてくれて、ありがとう）。

セルフケアの改善はひと晩でできるものではありません。わたしは、断酒を始めてから5年ほどかけてやっと、具合の悪いときに1日仕事を休めるようになり、歯医者や医者に定期健診を受けに行けるようになりました。わたしが自分のセルフケアを改善するための旅のなかで最後にした重要なことは、ついにクローゼットを片づけて、バーに出かけるときによく着ていた服を捨てるというものでした。そういう服は、回復途上のわたしには似合いませんでした。

精神面のセルフケアでは、回復に入った早い段階で、日記をつけることを教わりました。今は日記を使って、定期的に怒りを吐き出し、自分の気持ちを感じ取り、自分の夢について書き、絵を描き、頭のなかのもやもやをはっきりさせるなどしています。実際、本書は何冊もある日記を編集したものです。それから、わたしはようやく読書を再開しました。3冊同時進行で読むこともありました。『戦争と平和』など、分厚い小説をたくさん読んだと言いたいところですが、少なくとも回復の初期には、回復に関する本や自己啓発本、手っ取り早い解決法を教えてくれる本を、手に入る限り、むさぼるように読みました。自室の書棚には、こうした本がぎっしり詰まっています（女友だちのひとりは、もし男性を部屋に入れるようなことがあるなら、こうした本や日記は隠したほうがいいかもね、と言いました）。これらの方法に別の方法も追加して何年もかけ、わたしはやっと、それまでよりものんびり暮らし、電話やコンピュータやテレビやラジオを切り、静けさと何もしないでいることを楽しめるようになってきたのです。

感情面でのケアに役立ったのは、自分のスポンサーと会うことや女性のミーティングに出かけること、何年もかけてたくさんのセラピーをすることでした。わたしはいつも、「まあ、ローズマリー、あなたってすごく感情的になりやすいのね」と言われてきました。そして、感情的であることは悪いことだと思っていました。相手が言いたかったのは、自分の感情を表すのに足をばたばたさせたり叫んだりする必要はないということだったのだ、と今では理解しています。長い歳月をかけ、わたしは自分の感情的になりやすい側面を認めつつ、それでも、感情に飲み込まれずにいられるようになりました。どういう人と会い、どういう場所に行き、どういうことをすると、自分の心が生きいきするのを感じられるのかがわかるようになり、同時に、心がぺちゃんこになるのを感じるような状況に対しては、たえず注意を怠らないようになりました。それから、人生を前向きに進んでいるポジティブな人たちの側にいるようにしました。ダンスに出かけ、面白い映画を観に行き、友人たちとハイキングをし、海岸をドライブしに行く以外にも、子どもたちとゲームもすれば、自分自身のチアリーダーになることを学びもしました。ネガティブな人たちとは距離をおき、再使用しても助けを求めない友人たちからは遠ざかりました。以前誰かが、「床屋にいつまでも長居をしていると、髪を切られちまうぞ」と言うのを聞いたことがあります。わたしは床屋に長居をすることはありませんので、それをちょっと変えて、「ドーナツ店にいつまでも長居をすると、ドーナツを食べるはめになるぞ」としました。

さらに、気持ちを傷つけられたときには、傷ついていないと嘘を言ったり、傷ついていないふりをしたりしないで、はっきりそれを知らせる練習もしました。

スピリチュアルな面では、心の元気を回復させ、魂に再び希望を与え、この世界とつながっているプラグを抜いて静けさを得る方法を学びました。1日を通して、たくさん祈り、内省の時間を取り、最後には瞑想を楽しみました。わたしの命のなかで、わたし自身には説明しきれない形で働いているハイヤーパワーの恩恵に気づきました。未知のものを受け入れ、自分自身より偉大な力を信頼できるようになったのです。今では、自分の意志に従うのは、最初は簡単でも、進むにつれて難しくなっていくことがわかっています。わたしのためを思う神の意志を受け入れるのは、最初は難しくても、進むにつれて簡単になっていきます。それはつまり、目先の利を取って長く苦しむか、当座の苦しみを取って長く利を得るか、ということです。わたしは今、波の音や木々を抜けていくそよ風、大空高く飛ぶ鳥に畏敬の念を呼び起こされ、わたしが暮らしている場所を取り巻く雄大な山々に、神の力を感じています。

人間関係の面では、子どもたち一人ひとりとの個別の時間を予定に入れ、友人たちと会って楽しみ、一緒に笑い合いました。意識的に努力して、8時間離れたところに住む両親やきょうだいも訪ねました。両親には、少なくとも週に1回は電話をかけ、必ず「愛しているわ」と言って電話を切りました。それまでの自分の世界から一歩踏み出して、新しい友人も作りました。わたしにとって最も困難な課題——助けを求めること、自分のためになることを誰かにやってもらうこと——もやり遂げました。

仕事の面では、働きすぎの傾向は依然として変わっていません。回復に入ったとき、この習慣を変えるのは困難をきわめ、それがそのまま今日まで続いてしまっているのが正直なところです。以前は、全力を出し尽くしてはダウンし、2、3日仕事を休むということを繰り返していました。しかし、セルフケアを実践しはじめたとき、ありったけの休暇を取ってみました。すると驚いたことに、わたしがいなくても、会社はなんの支障もなく回っていたのです（軽い冗談です）。それから、わたしは昇給の交渉ができるようになり、自分が今の仕事でどれだけの価値を生み出しているのかを認識しました。内なる自己の声を聴くようになると、そのおかげで、自分の経歴を心から信じて思い切ることができました。安定した職場を離れ、自分のしたいことをするために学校に戻る決心をしたのです。

金銭面については、何回失敗したかは重要ではないことを知りました。重要なのは、何回立ち直ったかです。そう、わたしの膝はしばしば血まみれになりますが、転ぶたびに起き上がることで、両手は以前よりかなり強くなっています。わたしは、自分のお金の使い方を記録し、自分の使ったお金の行き先を知り、サインする前に契約書を読み、仕事に行ってわが子と自分自身のために頑張るという点で、成長してきました。自分のお金と適切な関係をもち、無駄遣いをしていないときには、自分が信頼できる活動に寄付することができます。父はいつも、「まずは自分自身にお金を払いなさい」と言っていました。百貨店メーシーズにとってはラッキーなことに、わたしはしばらくのあいだは父のアドバイスに従わずにいました。そのせいで、残念ながらわたしの普通預金はひどいことになりました。父は金銭に関して、「いくらかは蓄え、いくらかは使い、いくらかは人にやりなさい」という賢明なアドバイスもしてくれています。わたしの場合、いくらかは使い、いくらかは人にやるのは非常に得意ですが、「いくらかは蓄える」に関しては、もっと上達する必要があります。わたしの雇い主は神であり、わたしには住む家があり、車にはガソリンが、冷蔵庫には食べ物が入っています。わたしには、ありがたいと思うことがたくさんあります。

全般的に言えば、徹底的なセルフケアとは、生活のあらゆる分野において、最大の敬意と思いやりと愛を込めて自分自身を扱うことだということがわかりました。もっとも大切なのは、自分がまだ発展途上にあるとわかっていることです。そして、回復のスローガンが、「完成するのではなく、発展しよう」であることを神に感謝しています。セルフケアを実践しているときには、子どもたちをケアするのも、子どもたちに健康的で望ましい手本を示すのも、はるかにやりやすくなります。

✚ 断酒を目指す母親がセルフケアをするためのツール

1 あなたの心を生きいきとさせてくれることを5つ挙げましょう。そのなかからひとつを選び、週に2回行ないます。それが習慣になり、普段のルーティンの一部になるまで続けてください。

2 「徹底的にセルフケアをする日」について、計画を立てましょう。緊急時のためのこうしたプランは、エネルギーを使い果たしたと感じたときやどうしたらいいのかわからないと思ったときの、救いの手になります。たとえば、以下はわたしのプランです。

- 身体：1日に3回、野菜とたんぱく質を多くした健康的な食事を軽めに食べる。ナッツ類か果物の軽いおやつは1日に2回。水と温かな紅茶をたくさん飲む。散歩をする。着心地のよい服を着る。昼寝をする。
- 精神：読書をし、何か新しいことを学ぶ。ポジティブなことを考える。
- 感情：冷静で集中した状態を保つ練習をする。リラックスして、気楽に構える。
- スピリチュアリティ：10分間瞑想し、自分の直観に耳を傾ける。
- 人間関係：大切な人のために時間を使う。大切な人に電話をかける。
- 仕事：1日休みを取り、パソコンと携帯電話の電源を切る。
- 金銭：自分の支出計画の範囲内に抑える。

3 セルフケアを約束する手紙を自分宛に書き、毎日読める場所にそれを貼りましょう。以下は、わたしが自分に書いたものです。

わたしは、神との関係を最優先することを約束します。

わたしは、他者を失望させることよりも、自分自身を失望させることについて心配することを約束します。

わたしは、運動をし、しっかり食事をすることによって、からだの健康を大切にすることを約束します。

わたしは、自分自身に対して常に優しく話しかけることを約束します。

わたしは、自分の夢を追い、それらを現実にすることを約束します。

わたしは、何があろうとも自分自身を愛し許すことを約束します。

わたしは、自分自身に関して気楽に構えることを約束します。

わたしは、わたしの明かりを灯してくれる人、わたしに敬意を示してくれる人とだけ親しくすることを約束します。

わたしは、毎日楽しい時間を過ごし、毎日笑うことを約束します。

◉訳注

1――テレビ番組。
2――爆弾の形をしたシリアル・スナック。1日の糖分摂取量の100%をまかなえるというカロリーの塊のようなジャンクフード。

22

しらふになって、楽しく陽気に過ごす

生きている喜びを見つけましょう。
生きていると感じるだけでも嬉しいものです。
――エミリー・ディキンソン

楽しく過ごし、陽気に浮かれ騒ぐことは、以前からずっと好きでした。アルコールを飲みはじめた初期のころは、楽しいことがいっぱいありました。わたしはパーティが大好きで、友人たちはわたしのことをハチャメチャ・ローズと呼んでいました。高校時代、わたしと女友だちたちは1本99セントの「ティックル・ピンク」ワインを各自もち寄って、楽しい夜を過ごすようになり、自分たちのことをティックル・ピンク・レディーズと呼んだものです。わたしたちのお気に入りは、ワインのボトルをつかみ、海岸沿いの広い舗道をローラースケートで駆け降りることでした。わたしたちは飲んで、笑って、ひっくり返ってはまた起き上がるのが楽しくてたまりませんでした。

わたしが最初に酔っ払ったのは、友人ティナの16歳の誕生日パーティだったでしょうか。ティナの母親は娘のためにサプライズ・パーティを用意していて、わたしの役目は、全員がそろったらティナをパーティに連れて行くことでした。ティナとわたしはぶらぶらして時間を過ごし、いつものティックル・ピンクもすでに1本空にしたあと、予定の時刻にパーティに行きました。ティナは、自分の誕生日を祝うために高校の生徒が75人も集まってくれたことにとても驚いていました。でも、みんなが最高の時間を過ごしたのは、ティナが巨大な誕生日ケーキの16本のろうそくを吹き消す瞬間まででした。全員で「ハッピィバースデイ」を歌ったあと、わたしが友人のロブとケーキの投げ合いを始めたからです。

かいつまんで話すと、ティナの母親が真新しい白いカーペット一面にケーキの青い砂糖衣が飛んでいるのに気づき、「みんな、この家から出て行って！」と叫んだことで、パーティは終わりました。その夜、わたしは「ただ楽しく過ごすだけ」のつもりだったのに、あっという間に「楽しく過ごした挙句に厳しい結末に見舞われる」ことになったのです。残念ながらカーペットは、わたしよりもさらに厳しい結末を迎えました。

それから20年間わたしは飲みつづけ、母親になってからもそれは続きました。ついに飲むのをやめたのは、楽しみがなくなり、厳しい結末しか残らなくなったときでした。初めてＡＡのミーティング会場に入っていったとき、わたしは自分の人生はこれで終わったと思いました。

「欠乏と制限の人生」の刑に処せられたのだと考えたのです。アルコールが飲めなくなったら、わたしはわたしでなくなってしまうのではないか、ドーナツの穴のように、活気のない退屈な女になってしまうのではないかと、不安になりました。結局、わたしが長年してきたことはすべて、酔っ払うことを中心にして展開していたのです。わたしの楽しみに、アルコールは不可欠でした。

わたしは、自分の過去の活動が楽しかったのはアルコールがあったからだと誤解していました。たとえば、わたしはダンスが好きでしたが、パーティに行ってアルコール抜きでダンスをするだなんて、想像できませんでした。ダンスをすることと、高級なバー、あるいはいかがわしいバーに行くこととを結びつけていました。そういうバーでは、よくテーブルの上で踊ったものです。また、わたしは女友だちとぶらぶらして時間を過ごすのも好きでしたが、そういうときには必ず飲んでいました。しらふでいなくちゃいけないとしたら、何をして楽しめばいいの？　旅行も好きなことのひとつでしたが、搭乗前にバーで2、3杯ひっかけないまま乗るとか、プールサイドにいるのにマルガリータの1杯も飲まないだなんて、とうてい想像できませんでした。どうやったらアルコールなしで人生を楽しめるの？　このＡＡなるものがどういう効果を上げるのかについて、わたしはあまり知りませんでしたが、目的はなんとしても飲酒を避けることであり、したがって、わたしのこれまでの活動は問題外だということはよくわかっていました。じゃあ、わたしは何をしたらいいの？

幸運にも、わたしはプログラムの先輩に、2度と楽しめないのではないかという自分の心配について話し、『ビッグブック』の第9章にあるくだり――「けれども、わたしたちは陰気な人間ではありません……わたしたちは人生を楽しむことを断固として譲りません」――を教えてもらいました。それは、わたしにとって思いがけないことでした。そのあとには、「したがって、上機嫌と笑いは役に立つと考えています……不健康な人やめったに遊ばない人があまり笑わないことは誰もが知っています」と続きます。そして、わたしはすぐに気づくようになりました。回復途上の人たちは、かつてわたしがしていたのと同じことを、アルコールを抜きにして行ないながら、笑い、楽しんでいるのです。

スポンサーはわたしに、「あなたは何がしたいの？　何をするのが楽しいの？」と尋ねました。新しくAAに来た多くの人と同じように、わたしは自分の好きなことがさっぱりわかりませんでした。そんなわたしにスポンサーは、プログラムに積極的に取り組んで、精いっぱい暮らしているしらふの人たちと付き合ってみてはどうかしら、と言いました。ではそうしてみようと思って、わたしはとにかく生活しはじめました。飲むのをやめると、誰が本当の友人なのかがすぐにわかりました。本当の友人は断酒しようとしているわたしを支えてくれるのです。かつてのローズマリーが必要としていた友人たちは次第にいなくなっていきました。わたしは今や、友人たちと待ち合わせてコーヒーを飲みに出かけたり、散歩に出かけたりするようになりました。

ほどなくして、わたしはAAでほかの女性たちにも会うようになり、彼女たちがわたしをA

22 しらふになって、楽しく陽気に過ごす

Aのパーティに誘ってくれるようになりました。わたしが最初に参加したAAのパーティにはDJがいて、しらふの参加者たち全員がダンスをしていました。ある女性はわたしに、「踊りたいと思うくらいのいい気分になるのに、前は3杯くらい飲まないとだめだったけど、しらふとなった今は、3曲踊るだけでいい気分なの」と言いました。彼女は秘密をひとつ教えてくれました。「誰もあなたのこと、見てないでしょう？　だって、みんな、それぞれ心配でたまらないのよ。みんなが自分を見ているんじゃないかってね」

約5年間、わたしたちのグループ「しらふシスターズ」は自由になる時間のほとんどを一緒に過ごしました。ハワイ式の宴会「ルーアウ」やプールを囲むパーティ、誕生日会、しらふパーティなど、すてきなパーティを何度か開きました。祝祭日をともに祝い、講習も一緒に受けました。すばらしい夕食会を計画したり、ゲームをしたり、雪上スキーや水上スキー、キャンプに行ったりもしました。トライアスロンやマラソンに参加し、断酒仲間のソフトボール・リーグで試合もしました。球技の観戦、映画やコンサートの鑑賞もしました。休暇にはハワイに旅行し、世界中の断酒集会にも参加しました。それぞれの子どもたちを集め、パジャマ・パーティを開いたり、浜辺にピクニックに行ったりもしました。わたしたちは笑い、一緒に食事をし、たくさんコーヒーを飲みました。何よりもよかったのは、薬物やアルコールがなくても人生は大いに楽しめるという手本を子どもたちに示したことです。いつの間にか、飲んでいたころに経験した楽しみよりずっと多くの楽しみを、しらふのわたしは味わっていました。思いがけない

ボーナスは、わたしがそれを忘れずにいることです！　今、わたしは自分が間違いなくドーナツの穴にはならなかったことを実感しています。穴どころではありません。カラフルなトッピングシュガーでデコレーションされた、極上のドーナッツになっています。

1日1日着実に断酒を続けていくと、例の「四次元」が手に入るようになります。わたし自身の体験はビル・Wの体験とそっくりです。ビルはそれを『ビッグブック』のなかで次のように説明しています（原書8ページ）。「わたしはやがて、自分では四次元体験と呼びたいと思っているもののなかに突然投げ込まれることになりました。そのなかで、かつてと比べたら信じられないほどすばらしい生活を送りながら、ときが経つにつれて、幸せと平安を体験し、自分が役立っていることを知るようになりました」

＋断酒を目指す母親が楽しく陽気に過ごすためのツール

1. 同じような興味をもつしらふの仲間を見つけて、一緒にいろいろなことをしてみましょう。自分のグループのなかに、知り合いになりたいと思う女性がいたら、散歩やお茶に誘ってみましょう。
2. 自分の「快適ゾーン」から出て、これまでとは違う活動や趣味を試しましょう。最初は不安を感じても、まずは興味をそそられるものに注目し、それを行なってみることです。

③ テーマを決めて、パーティを開きましょう。計画には自分の子どもたちにも参加してもらい、子どもの友人たちや、しらふ仲間の子どもたちも招待します。

④ 毎朝、目が醒めたら、再びしらふで朝を迎えられたことに感謝しましょう。しらふでいることを祝う方法を見つけましょう。

23

再発と引き金

どこで倒れたかではなく、
どこで起き上がったかに注目しよう。
――発言者不詳

『メリアム・ウェブスター辞典』の定義によれば、再発とは、ある程度の改善期間があったのちに病気がぶり返すこととされています。この定義は、わたしたちの依存症にも当てはまります。医学界は依存症が病気であると認めているからです。残念ながら、飲酒や薬物使用に関連して再発という言葉を聞くと、心の弱さや判断力と結びつけて考える人もいます。依存症者には、がんや糖尿病、心臓病など、命に関わる病気に罹っている人に向けられる思いやりが向けられません。友人や家族がまた心臓発作を起こしたとか、がんが再発したとなれば、見舞いの電話が鳴り、煮込み料理やお花が家に届きます。周りの人たちは、何かできることはないかと訊いてくれます。病人を非難したり、辱めたり、批判したりする人はいません。ところが、依存症者が「病気の再発」に直面すると、その病気は違った見方をされます。依存症者はしばしば辱められたり、のけ者にされたりしますし、煮込み料理を届けてくれる人は間違いなくいません。

もし再発したら、それは旅の一部であって、心が弱いということではないという点をしっかり理解してください。やり直しができますし、気合いを入れ直して、以前より力強く回復していくことができます。それはまた、何が引き金になったのかを知り、再び足をすくわれないようにするにはどうしたらいいのかを知るすばらしい機会でもあります。そうなんです、再発には、それを誘発する引き金があり、何が危険なサインなのかを知ってしまえば、それに注意することができるのです。引き金を特定しておけば、それらが、高速道路の「前方に危険あり」の標識と同じように赤ランプを点滅させているのが見えます。その次の標識は、「スピードを落とせ」かもしれませんし、「スポンサーに電話せよ」や「ミーティングに出かけよう」かもしれません。

再発を引き起こす要因はたくさんあります。以下は、12ステップのミーティングで何度も耳にしたものです。たとえば、強い怒りに執着する（「覚えてろよ」、「あいつらのことを考えると飲まずにいられない」など）、ミーティングにずっと出ないでいる、12ステップに取り組まない、助けを求めることを拒否する、などです。12ステップのプログラムでは、これらすべてに対処しています。薬物を使わない状態や断酒した状態を保つ方法はすべてシンプルですが、それを守りつづけるのは必ずしも容易ではありません。

再発の責任を、すべて人や場所や物事のせいにすることはできます。でも、現実に目を向けましょう。薬物やアルコールの使用はひとつの決まった状況と結びついていたわけではありません。わたしたちは、雨が降っていても飲みましたし、晴れていても飲みました。よい日にも薬物を使いましたし、悪い日にも薬物を使いました。お金のあるときも飲みましたし、お金がなくても飲みました。つまり、わたしたちはアルコール依存症であり、薬物依存症なのです。わたしたちの病気はきわめてしつこい性質をもっていて、まさかと思うようなときにわたしたちを引きずり込もうと、その瞬間を待っています。頻繁に薬物を使ったり飲酒したりしていた日々の経験から、この病気がどれほど陰険で、狡猾で、不可解な上に手ごわいかがわたしたちにはよくわかっています。断酒しているからというだけでは、この病気はその力をすべて失ってしまうわけではありません。再発はあっという間にわたしたちをあの暗い穴に引きずり込みます。「あともう1杯だけ、あと1回使ったら、明日はやめよう」と思うかもしれません。でも、飲酒は続き、薬物は止まらず、結局、「明日」は何年も先になります。

目が醒めて、「どうしてまたこんなことになってしまったんだろう」と思うときの、あの胸をえぐられるような思いは、誰もがよく知っています。母親であるわたしたちは子どもたちに対して、断酒を続けるのに必要なことは何でもしなければならない、という責任を負っています。わが子をこの世に送り出したのは自分であり、世話をするのは自分の仕事です。自分の病気の

23 再発と引き金

ケアをしなければ、子どもたちをケアすることはできません。緊急事態に陥った飛行機に乗っていて、目の前に酸素マスクが降りてきたときのことを想像してください。回復の維持に必要な取り組みをしないというのは、自分の酸素マスクも子どもたちの酸素マスクも装着しない選択をするようなものです。あるいは、家が火事になり、燃えさかる家のなかで座ったまま何もしないでいようとするようなものです。その間に、長椅子に横たわるあなたも、そのあなたを見つめる子どもたちも、炎に包まれ、煙にやられてしまいます。こうした出来事をより悲しくさせるのは、この依存症という病気が本来は治療可能だということです。そして、引き金や危険なポイントを知ることは、再発を防止し、依存症が家族に引き継がれるのを阻止し、回復のよい例となるのに役立つのです。

わたしが断酒をするためにAAに出かけたのは、子どもたちを失うことになると思ったからですが、結局は、自分のために断酒を続けることにしました。AAのミーティングに行きたくないと思うことはよくありました。自分のなかの病気の部分が、「あそこの人たちは変よ」とか、「忙しすぎて時間がないわ」、「普通に飲んいでる人たちと同じように飲みたいわ」などとわたしに言ってくるからです。それに、「ほら、1杯だけなら飲んだっていいのよ」と言うこともよくありました。でも、頑張ってミーティングに行くと、わたしが聞かなくてはならなかったことを、まさにタイミングよく聞くことができるのでした。その日は、ある女性が、長年断酒をつづけていたのに、やがてミーティングに行くのをやめてしまったという話をしました。行くのをやめた理由は、わたしが先ほど挙げたのとまったく同じでした。彼女はその後ほどなくして1杯飲み、結局、子どもの親権を失ったそうです。この話を聞いて、わたしは頭から氷水をかけられたような気持ちになりました。おかげで目が醒め、この病気が実際どれだけ手ごわいかをしっかり自覚することができました。

引き金はありとあらゆる形を取って現れ、その多くに、人や場所や物事が含まれています。状況に関連する引き金は、飲酒と結びついている場所や物事であったりします。わたしの友人のローラは、「マルガリータなしでメキシコ料理って、食べられるもの？　ああ、いやだ！　こんなひどいことって、ある？」と言いました。けれども、ローラは回復していく中で、「1杯のお酒について考える」ことを教えられました。つまり、最後に飲んだときの自分の様子を再生するボタンを押すのです。彼女は最後の泥酔と自分がそうなった場所を憶えていました。彼女は苛立ち、何もかもに愛想を尽かし、すっかりやる気をなくしていました。マルガリータをひと口でもすすれば、そこに逆戻りすることがわかっていました。今、彼女はタコスやトルティーヤを食べるとき、ライム入りのダイエット・コーラを注文します。友人たちと出かけたときには、前よりずっと楽しい時間を過ごし、何よりも、そのことを翌日にも憶えています。

あなたはひょっとしたら熱心な野球ファンで、「ビールを飲まないで野球を観戦するなんて、無理！」と思っているかもしれません。繰り返しになりますが、これが引き金だとわかったら、気持ちを落ち着かせ、計画を立て、別のアルコール依存症者とそれについて話し合うといいでしょう。あなたは今すぐにも試合を見に行こうとするかもしれませんし、しないかもしれません。この病気の症状は実に手ごわく、そうした状況が回復を危うくするかもしれないということは充分に理解できそうなものですが、断酒をして間もないころは、まだそれを認識できないことが多いものです。どれだけ断酒期間が長かろうと、「ああ、これ、ちょっと舐めておかなくちゃ」と思うと、背後から忍び寄った依存症に、「さあ、さあ、たったの1杯くらい、たったの1回くらいいいじゃない」と言われ、ふと気づけば危機的な状況に陥っているのです。

そのほか、家族や友人も引き金になります。たぶん、家族の集まりで湧き上がってくる奇妙な感覚を何とかしようとして飲んだ経験もよくあるのではないでしょうか。「両親はわたしたちのボタンを押すことができる。それを設置したのは両親だからだ」という格言をよく憶えておきましょう。今は、家族の集まりに行かないようにするか、断酒中の友人を一緒に連れていくようにすることで、この引き金の使用を避けることができます。ブックエンドのように両脇から挟み込むというやり方も役に立ちます。たとえば、集まりに行く前には必ず断酒中の友人に電話をかけ、集まりの場合を出たらすぐに、必ずまたその友人に電話をかけるようにするのです。飲酒をしていたり、薬物を使っていたりしたころには、パーティに真っ先に行き、最後まで残っていたかもしれません。断酒中は、その真逆をします。パーティには最後に着き、真っ先に失礼しましょう。

あなたの女友だちには、いろいろなワインが用意されていない集まりなんて出ないというグループがあるかもしれません。そういう友人たちの集まりへの出席は引き金になりえます。というのも、誰しも人と違っていると思われるのはいやで、そのなかにうまく溶け込みたいと思うからです。従来の生き方を手放し、そのグループの一員だと思えなくなるのは、つらいかもしれません。かつての友人たちは、新たにしらふになったあなたに対応する用意はできていないかもしれませんし、どうしてあなたがたったの1杯も飲めないのかを理解できないかもしれません。今日は行くのをやめておこうと思うからと言って、2度とその友人たちと一緒に過ごすつもりはないということにはなりません。そういう状況に身を置く前に、しらふの新生活にしっかりした根を下ろしたいというだけなのです。

12ステップによる回復には、もうひとつ恩恵があります。断酒生活を送っている女性であふれそうないくつもの部屋に取り囲まれるということです。こうした女性たちはあなたの友人になり、あなたは、断酒中の女性たちがありとあらゆるタイプの活動を楽しんでいることに気づくでしょう。野球をしたり、ボーリングに行ったり、集まってコーヒーを楽しんだり、ハイキングに行ったり、女性専用の回復静養施設に一緒に行ったりする、ざっくばらんなグループがいろいろあります。回復に関する年次総会や会議に出席するのも、断酒中の新たな仲間たちとともに時間を過ごすすばらしい方法です。

回復のミーティングでよく耳にするのは、鎮痛剤で再発した人の話です。医師によっては、こうした薬剤をキャンディのように出すらしく、まさかと思うでしょうが、多くの医師が依存症

23 再発と引き金

というものをよくわかっていないようなのです。たいていの医師は、依存症について医学部でほんの数時間講義を受けるだけです。鎮痛剤は依存性が非常に高く、今やその乱用がいたるところで多発しています。断酒中の依存症者が鎮痛剤を服用すると、依存症はあっという間にその醜い頭を再びもたげはじめます。

メアリーはそのときまで20年以上断酒していて、AAでとても積極的に活動していました。その後、外科手術を受け、術後に痛み止めを処方されました。メアリーは、「そうね、わたしは薬物では1度も問題を起こしたことがない、ただのアルコール依存者だもの」と思い、大量の薬剤をもらって退院しました。彼女は問題ないだろうと思って服用を始めたものの、すぐに自分が医者であるかのように振る舞いはじめ、処方以上に頻繁に痛み止めを服用するようになりました。ほどなくして、薬剤を使い切ってしまったらどうしようという思いにとりつかれ、どうしたらもっと手に入れられるだろうと考えている自分に気づきました。そして、当然ながら、この事態について、誰にも知られたくないと思いました。

メアリーがAAに関わっていたのは幸いでした。というのも、ある日、女性たちのミーティングに参加しているときに、自分が厄介な状態に陥っていることに気づいたからです。彼女は手を挙げ、自分は新しいメンバーだと言って自己紹介しました。この再発のあと、再び回復できたことを、メアリーは本当に幸運だったと思っています。

鎮痛剤の服用が自分にとって本当に必要かどうかを、医師とよく話し合ってください。必要な場合には、信頼できる人を見つけて、薬剤を管理してもらいましょう。そして、必ず自分のスポンサーとこの問題について話し合いましょう。そうすれば、スポンサーに対しても責任を果たすことができます。

再発を引き起こす要因でありながら、依存症分野のほとんどの医師や専門家が取り組んでいないものに、月経前症候群、閉経、ホルモンの変化があります。わたしは医師ではありませんが、これらが再発の要因であることはわたしの個人的体験や、わたしの知っている数多くの女性の体験と一致しています。自分のホルモンの状態が異常だったのかどうか、わたしには当初わかりませんでしたが、極端な感情起伏が自分の精神的なバランスを破綻させるように感じていました。わたしの場合、薬物についてもアルコールについても再発はありませんでしたが、こうした時期は、自分のからだのなかから這い出して、おめでたい周囲の人たちを叩きのめしてやりたい気分になりました。

第4ステップの棚卸しは、怒りのように感じられるものを取り除くのに役立つのではないかとわたしは考えました。わたしはそう信じて、それまで以上に多くのミーティングに出かけていきました。自分のなかに閉じこもっているのをやめ、より多くの女性を助けようとしましたが、これはまったく役に立ちませんでした。わたしの症状はたくさんありました。たとえば、感情の起伏が激しく、思考がぼんやりしてきて、両脚が痙攣しました。ひどい頭痛もありました。夜よく眠れず、おなかが張って、妊婦のようになりました。憂うつな気持ちが強まり、発作的に泣き出して、それがひと晩中続いたとき、わたしはとうとう助けを求めはじめました。

かかりつけの一般開業医に診てもらいましたが、その医師にできたのは、採血して甲状腺を調べることだけでした。検査結果に問題はなく、わたしは完全に健康だと太鼓判を押されました。次に婦人科医に診てもらうと、閉経に関するパンフレットを手渡され、それを読むようにと言われました。そして、症状を聞く限りでは、さほど悪くはなさそうだから、何もしなくていいだろうと言われたのです。繰り返しますが、わたしは医師ではありませんし、からだは人それぞれに異なっています。ですから、特定の行動方針を推薦することはできません。でも、最後に女性の精神科医の助けを得られたことは報告できます。彼女は依存症を理解し、ホルモンがどのように回復や渇望に影響するかを理解していました。

ヘレンはわたしの断酒友だちのひとりで、何度も再発を繰り返しました。彼女には処方薬に対する依存があり、ひと月断薬しては再発する状態が続いていました。6年のあいだに、3カ所の治療センターに行き、次から次へと医師を変えて助けを得ようとしました。彼女は感情の爆発を抑えられないせいで職を失い、子どもたちは、母親が近くにいると卵の殻の上を歩いているような気がすると言いました。夫は、離婚の申し立てをしようとしているところだと言いました。自分が結婚したすてきな女性はどこかにさらわれ、頭のおかしい精神病患者に入れ替わってしまったからだそうです。彼は妻に何が起きているのか皆目わからず、妻のわめき声と欲求不満をまともに喰らって苦しんできました。夫妻は1年以上夫婦カウンセリングを受けて努力してきましたが、何ひとつ改善することはないように思われました。ヘレンは最後にホルモンの乱れに関する治療を受けて、薬を断つことができました。夫は、本来の妻を取り戻したような気がすると言いました。

特定の感情は、注意を払わないと、再発を引き起こすことがあります。恐れ、激しい怒り、絶望、落胆といった感情は、いつなんどきわたしたちに忍び寄ってこないとも限りません。そういうときには、スポンサーと離れないようにして、ミーティングに参加し、自分の気持ちについて話すことが非常に重要です。もっともよくないのは、自分の気持ちを切り離し、押し殺してしまうことです。自分自身の引き金を意識するようにして、引き金になる可能性のある事柄をリストにまとめましょう。そして、「危険」のサインにどう応じるか、その計画を立てるのです。たとえば、気持ちを落ち着かせて、健全な方向に向かうための行動を取る、などです。

✚ 断酒を目指す母親が再発を避け、引き金について理解するためのツール

1 自分の引き金――人、場所、物事など避けるべきもの――をリストにまとめしょう。そして、それらの状況のひとつに直面した際にどうするかについて、行動計画を立てましょう。

2 渇望が生じたときすぐに実践できる活動をリストにまとめましょう。たとえば、散歩

に出る、断酒・断薬中の友人に電話をかける、ミーティングに行く、など。

3 12ステップの関係者で、あなたが電話をかけられる人のリストを常に携帯しましょう。渇望が生じたら、すぐそのなかの誰かに電話をかけ、そのことについて話します。

4 リラクセーション・エクササイズや瞑想など、ストレスに対処するスキルを身につけましょう。

24

人生の未来図

1週間は7日しかなく、
「いつか」はそのなかに入っていない。
――リタ・チャンド

ライフ・コーチでありAAのスポンサーであることの利点は、自己嫌悪に陥っていた女性たちが自らを愛し、自らを誇りに思うようになっていく姿を目の当たりにできることです。12ステップのプログラムのなかであらゆる恥辱が取り除かれ、その下に隠れていた本来の自分が見出されることを、わたしは心から信じています。

断酒を始めて11年目に入ったとき、わたしは過去10年にわたる自分の回復の日々を振り返る時間を取りました。この10年、わたしは12ステップのプログラムを無数に行ない、セラピーを頻繁に受け、内省にたくさんの時間をかけました。では、5年後、わたしはどこにいる自分を見ることになるのだろう？　そのとき自分は何をしていたいのだろう？　自分はこの世界にどんな贈り物をしたいのだろう？　何を創造したいのだろう？　最初は、これらの質問に対する答えがまったく見つかりませんでしたが、それまで12ステップに取り組んで無数の難問を克服してきたので、たぶんここでも12ステップが力を貸してくれるだろうと考え、各ステップをちょっとひねって応用することにしました。

これから、わたしがどのように12ステップの力を借りて、人生の未来図を描き、その達成に必要な行動を取っていったかをお話しします。

第1ステップ

わたしには、自分の思考や態度、対応、行動、反応、選択をコントロールする力があり、これらは常に、他者および自分自身にとって肯定的かつ有益なものになりうるものである。わたしは現在の自分の人生について、１００％責任を負っている。

取るべき行動――人生の未来図を明確にして、書き出していきます。自分の人生を厳密にどのようにしたいのか、金銭面やスピリチュアリティ、感情、身体、精神、社会性の観点から述べましょう。これは、すでにそうなっているかのように、現在形で書きます。例を挙げましょう。「わたしは元気で、からだは引き締まっている。週に４回、１日に５マイル走る。□ドル稼ぎ、３分の１を使い、３分の１を貯蓄に回し、残りの３分の１は寄付する。わたしは成功した会社のオーナーである。そして、この会社は世界的にも有名で、他者がその人生を変えられるよう手助けしている」

第2ステップ

ハイヤーパワーは力強い肯定的な思考やアイディアの源だと信じている。この源は、他者の内部にもわたしの内部にも息づいている。

取るべき行動——否定的なことを考えたり、誰かからそういうことを聞いたりしたときにはいつでも、それを肯定的な内容の現在形の文章に変更します。たとえば、例の声が頭の中で、「なんだか太っている気がする」と言ったら、それを、「わたしは元気で、体調がよくて嬉しい。すばらしい食べ物を与えてくださったことを神に感謝します」と変えます。もしも「お金が足りない」という声が聞こえたら、「わたしにはたくさんお金があるし、豊かな資源が身の回りにあふれている」と変えます。さらに、「この状況を変えるのに役立つことで、わたしがしていないことをひとつ挙げるとしたら、それは何だろう?」と自問しましょう。たとえばわたしは、「自分は太っている」という意識を変えるために、毎日1時間エクササイズをすることにしました。「金欠」状態を好転させるためには、仕事を見つけることにしました。つまり、ほかのみんなが午前8時に仕事を始めているとき、わたしも同じ時刻にパソコンの前に座り、仕事を見つける作業を午後5時までしたのです。

第3ステップ

毎日、自分なりに理解したハイヤーパワーの助けを借りて人生を設計し、ハイヤーパワーとともにそれを創造している。

取るべき行動——朝、今日1日をどう過ごしたいと思っているのかを正確に書き出します。その未来図を頭に入れましょう。目を閉じて、神が1日中自分のすぐ隣にいるさまを心に思い描きます。

第4ステップ

自分に与えられた優れた資質や才能と、自分がこれから伸ばしたいと思う才能や能力をすべてリストアップする。

取るべき行動——毎朝このリストを見直し、すでにもっている資質の少なくともひとつを、その日に必ず使うことを決意します。次に、伸ばしたいと思っているスキルや能力の中からひとつ選び、今日、それを伸ばすのに役立つことをひとつすると、約束します。

第5ステップ

自分を支えてくれる助言者に、すでにある才能とこれから伸ばしたい資質のリストについて話し、その助言を得て、自分自身と第4ステップでした約束に対する責任を果たしていく。

取るべき行動——5人の人に頼み、自分にあると思う資質や才能を挙げてもらいます（5人以上に頼んでもかまいません）。挙がったものを自分のリストに加えます。朝一番と夜最後に、このリストを読み返します。

第6ステップ

自分の内なるハイヤーパワーとつながり、ハイヤーパワーの助けを借りてこうした才能や能力を使い、自分の人生や周囲の人びと——特に子どもたち——の人生を改善していく。

取るべき行動——自分の未来図の達成に向けて今日できることをひとつ書き出し、それを行ないます（2つ以上行なってもかまいません。これは自分自身の人生だということを忘れないでください）。ひとつのカテゴリーからひとつ選んで行なうようにしましょう。からだを思い切り伸ばしてから、毎日、あなたを怖がらせていることを何かしてみるのです。

第7ステップ

「創造的なアイディアや行動でわたしを満たし、それを実行できるパワーをお与えください」と、自分のハイヤーパワーに謙虚な気持ちで頼む。

取るべき行動——紙とペンを用意して腰を下ろし、第1ステップで書き出した自分の未来図について考えます。自分の目標に少しでも近づくのに役立つ考えが浮かんできたら、たとえそれらが突拍子もない考えであるように思えたとしても、すべて書き留めておきます。わたしは自分のハイヤーパワーに向かって、「頭、おかしいんじゃないの?」としょっちゅう言っています。

第8ステップ

自分がこれまでの人生でしてきたよい行ないをすべてリストアップし、どの行為のおかげで、今の自分で本当によかったと思えるのかを見きわめる。

取るべき行動――1日の終わりに、その日うまくできたことを2つ、3つ、日記にざっと書いておきます。たとえば、「運動をした、健康的な朝食を食べた、息子に愛していると言った」など。このリストには、当たり前のこととして定期的にやっていること――出勤する、子どもたちを学校に送っていく、見知らぬ人に微笑みかける、など――も書いておきます。

第9ステップ

自分の子どもたちやその他の家族、友人、同僚、地域社会、この世界、自分自身にもたらしたいと思っている善行をすべてリストにまとめる。

取るべき行動――ほかの誰かや地球のために、毎日ひとつよいことをして、誰にも知らせないでおきます。

第10ステップ

少し時間を取り、自分が感謝していることすべてについて考える。

取るべき行動――毎日の感謝リストを書きます。未来図に書き込んだことを含めるのも忘れないでください。たとえば、「探していたとおりの仕事にもうすぐ就けそうなことに心から感謝しています」など。

第11ステップ

自分の未来図に関して、毎日祈り、瞑想する。内なるハイヤーパワーとつながり、その未来図を達成するためのパワーと導きをお願いする。

取るべき行動――自分で書いた未来図を1日に2回、朝起き抜けと夜寝る直前に読みます。少なくとも5分は目を閉じて、未来図に書いたとおりの自分を心に描きます。これを行なっている間に湧き上がってきた自分への思いをしっかり味わいましょう。

第12ステップ

ここまでのステップを毎日繰り返す。

取るべき行動――自分の目の前で起きる生活の変化を観察します。この体験を別の人に話しましょう。この体験を回復途上にある別の女性に話し、その女性の旅を支援しましょう。あなた自身の旅には、自分の子どもたちも連れていきましょう。

24 人生の未来図

わたしは毎年1月に「未来図ボード」を作り、これからの1年間に自分の人生に起きてほしいと思うことを絵にします。さらに、わたしは複数のワークショップのまとめ役もしているので、自分のクライエントたちと個々に取り組み、彼女たちがそれぞれの人生の未来図を明確にし、行動計画を立て、一生のうちに手に入れたいと思っていることに向かって前進できるように支援もしています。

クライエントのなかには、どうしてもパートナーがほしいと思う人もいれば、子どもたちとの関係を改善したいと思う人、家がほしい、もっと旅行がしたい、もっとお金がほしいと思う人もいます。さらには、夢中になれるものを見つけたい、自分の作品を売りたい、仕事を拡張したい、スピリチュアルな生活を深めたい、転職したい、生活内のストレスを軽減したいと思う人もいます。もっとも興味深いと思うのは、そのプロセスに自分のハイヤーパワーを追加するよう提案すると、必ず奇跡が起きはじめることです。どうやら扉が開くらしく、どこからともなく好機が訪れ、まさにここぞというときに人が現れたり、別の偶然の一致が生じたりするのです。どうしてこうなるのか、わたしにはわかりません。わたしにはただ、自分のクライエントやスポンシーたちがその前進について話しながら見せてくれる結果と、聞かせてくれる報告がわかっているだけです。

✚ 断酒を目指す母親が人生の未来図を作成するためのツール

1 本章で説明した12ステップに取り組みましょう。

2 未来図ボードを作成しましょう。あなたの夢や希望、目標を表している絵を描いたり、雑誌からそういう絵や写真を切り抜いたりします。それらを厚紙に貼り、毎日目にする場所に掲げます。

3 あなたの人生未来図に子どもたちと子どもたちの幸福がどう含まれているかを、当の子どもたちに話しましょう。

4 上述したステップをひとつ取り上げ、1週間、それについて瞑想しましょう。毎日少なくとも5分は瞑想します。終わるたびに、その間心に浮かんできたことについて、日記に書いておきます。何も思い浮かばなくても、まったく問題ありません。静かに腰を下ろし、未来図のその部分に集中できるよう、自分を助けてあげましょう。ときにはただ静かに座って頭をすっきりさせるのも、よいものです。毎週、同様にして、他の11ステップについても瞑想していきます。

25

笑い声と、それほど楽しくない休日

よいニュース——休日は家族で過ごすもの。
悪いニュース——自分とこの家族で、ってこと。
——バンパー用ステッカー

あちこちでベルが鳴り響き、焼き栗のいい匂いがしています。サンタはもうそこまで来ています。あなたはすれ違う人みんなに微笑みを浮かべて、「楽しい休暇を！」と言っています。本当はフルーツケーキを吐いて戻したいくらいなのに。

休暇は何かとストレスがたまりがちです。買い物や交通量、いろいろな店にできる客の列、職場や学校での行事のせいで、祝祭日は地獄の日々になりかねません。お金に余裕はなく、子どもたちは、プレゼント予算の3倍もする最新のなんとかいうやつをほしがっています。その上、どこを見てもアルコールがあります。

飲酒したり薬物を使ったりしていたころ、わたしたちは休暇の集まりを台なしにする存在だと見なされていた可能性があります。そう、わたしたちはグリンチ[†1]になることができました。ティム・ワイアットの漫画に、「どんな家族にも、おかしな親戚がひとりはいるものだ。もしそれが誰かわからないなら、たぶんあんたがそのおかしなやつさ」という言葉があります。家族のなかに現役の依存症者がいるというのは、カチカチと音を立てている時限爆弾を抱えているようなものです。いずれ爆発するのはわかっているのですが、それがいつなのかはわかりません。

回復途上にあるわたしたちは、休暇のことや、飲酒や薬物使用の日々にしでかしたとんでもない行動について、笑うことができます。休暇中のパーティはしばしば多くの笑いを提供してくれます。なんと言っても「アルコール依存者もしくはドラッグ＋パーティ＝大惨事」ですから！　わたしたちの多くは、職場や近隣のパーティで酔っ払ったりハイになったりしたとき、完全にその場にそぐわない存在になり果て、面目を失った経験をもっています。ＡＡメンバーの話で、わたしがよく憶えているのは、そのメンバーの会社で休日の夜に開催されたパーティでの話です。10時半には酔っ払っていた彼女は、「上司のことを本当はどう思っているのか」を当の上司に話したそうです。真夜中には、既婚男性とコート用のクローゼットのなかで交わっていました。それはもう、てんやわんやの大騒ぎでした。言うまでもありませんが、月曜朝のオフィスは凍てつくような雰囲気だったとのことです。

そうなんです、飲酒していたり薬物を使っていたりするときのわたしたちは、悪い小妖精でした。誤ったことを、誤った人と、誤ったときに、確実に行なうのはたやすいことでした。そしてそのあいだに、服をなくし、仕事をなくし、親しい友人までなくしてきたのかもしれません。

わたしを含めて多くの人びとは、休暇のあるべき姿――家族や子どもにとってそれはどのようなものであるべきか――に関してとてつもない理想と期待を抱いています。完璧な休暇にしなければならないと思っています。愛する家族が休日の夕食を囲んで集まり、微笑んだり大笑いしたりする光景を思い描きます。昔は、休暇はそれほどすばらしい行事ではなかったかもしれません。ある女性がある休日に家で起きたことを話してくれました。彼女の叔父はクリスマスツリーに火を付け、父親はあまりにひどく酔っ払ったせいで生焼けのターキーを切り分けて出し、いとこはまたしても飲んだくれてリビングの隅っこで泣いていたそうです。

わたしは1999年11月13日に断酒しました。そのときの夫とは別れました。当時子どもたちは、8歳、5歳、2歳でした。そのあと1カ月半のあいだに、感謝祭、娘の誕生日、息子の誕生日、クリスマス・イヴ、クリスマス当日があり、おまけに新世紀を迎えなくてはなりませんでした。わたしはひたすら休暇が終わることを祈りました。「いったいどうやったら、この期間、飲まずに過ごせるのだろう?」。結局、ほかのしらふの日々とまったく同じように、とにかく1日1日断酒を重ねて、最初のこの休暇シーズンをしらふで通しました。実際には、ほとんどの日が1時間1時間を重ねていく感じでした。わたしはAAのミーティングにもたくさん参加し、みんなが家族と一緒にいる恐怖や、アルコールが提供されるパーティに行く恐怖、休暇中の孤独とストレスを生き抜く恐怖について語るのを聴きました。

その年、わたしにとってもっとも厄介だった休日は、クリスマスでした。それまではずっと大好きな休日でした。でも、この年、断酒はその時点で43日しか続いていませんでした。夫は別居していましたが、クリスマスの朝は夫も子どもたちと一緒にわたしの家で過ごすことになっていました。

クリスマスの朝、わたしはかつてのような元気はありませんでした。以前は、子どもたちがベッドの夫とわたしの上に飛び乗ってきて、サンタがいっぱいプレゼントをもってきてくれたことを報告するためにわたしたちを起こしたものでした。でも、この日、わたしの部屋に走ってきた子どもたちは、わたしがひとりで眠っているのを見ることになりました。わたしは子どもたちの父親に電話をかけ、子どもたちが起きたので、急いでこちらに来てほしいと伝えなくてはなりませんでした。わたしは子どもたちに我慢させ、父親が来るまではプレゼントを開けないで待つように言いました。すると、8歳の子が、「そんなの、いやだ。なんでパパは昨日の夜、ここに泊まらなかったの?」と言います。わたしは、「我慢してちょうだい、もうすぐパパは来るから」としか言えませんでした。そして、胸をえぐられるような苦痛——子どもたちもわたしの飲酒の影響を受けているのだと知った罪悪感と怒り——を隠そうとしました。わたしは自分のスポンサーが提案してくれたことを行ない、ひたすら子どもたちに集中しようと努力しました。

プレゼントを開けたあと、わたしたちは空港に向かいました。夫が子どもたちとわたしを空

25 笑い声と、それほど楽しくない休日

港で降ろしてくれることになっていました。飛行機でわたしの両親を訪ねるのです。そのとき不意に、自分たちはもうひとつの家族ではないんだという思いに襲われ、寂しさに打ちのめされました。わたしは泣きくずれ、わたしを再び迎え入れて、家族を元どおりにしてほしいと夫に懇願しました。でも、わたしがどうしてもほしいと思ったものは幻想でした。クリスマスに理想的な家族でありたいという幻想でした。わたしと子どもたちはみな、泣いていました。賢明にも、じきに別れることになる夫はわたしの切望しているものが幻想だとわかっていました。夫はわたしに、「それはね、休日で気持ちが高ぶっているから出た言葉だよ。ご両親のところで楽しく過ごしておいで」と言いました。両親の家に着いたとき、わたしは洗面所に飛び込んで泣き、涙をぬぐい、再び子どもたちと家族に集中しようと努力するしかありませんでした。早くこの日が終わってほしいと思うばかりでした。

わたしは回復しながら貴重なツールをいろいろと身につけ、こうした難しい時期や直面するとは思いもしなかったような体験をくぐり抜けることができました。ＡＡのミーティング会場では、休暇を生き抜くために何をしたらいいのか、何をしないほうがいいのかについて、提案してもらいました。そして、いよいよそれらの提案を活かすときが来たとき、ＡＡの人たちはなんてすばらしいんだろうと思いました。

休暇の集まりを、飲酒も薬物使用もなく、おかしくなることもなく生き抜くのに特に役立ったことをいくつか、ご紹介しましょう。

もっとも重要なのは、サンタクロースや親戚、仕事より、自分の断酒が最優先だと自分自身に言い聞かせることです。わたしたちは、招待されたらどこにでも行かなくてはならないと考えますが、回復途上にある場合は、何よりもまず自分自身のケアをしなくてはならないことを学びます。ですから、アルコールが提供されたり、出席者がハイになったりするパーティには必ずしもすべて出る必要はありません。あなたがいなくても、パーティはちゃんと進行します。「スリップしやすい場所」[†2]に行って自分の回復を危うくするのはやめましょう。もしもどうしても休日の行事を楽しまなくてはならないときは、断酒している友人を連れていきましょう。そして、危ないなと感じたらすぐに退散できるように、交通手段を考えておきます。パーティ会場を出たらすぐにスポンサーに電話をかけるか、ＡＡのミーティングに参加します。自分の弱さを感じているときには、断酒中の仲間と一緒にいることで助けられます。パーティでは、いつもジュースかソーダを手にするようにしていれば、お酒を勧められることはないでしょう。アルコールを強要する人がいたら、自分は運転手の役目を引き受けていると言うか、アルコール・アレルギーだと言いましょう。ただし、告白してもいいかなと思う人には、今は回復途上だとはっきり伝えておきます。ずっと忙しくしているのも役立ちます。飲食物を出したり片づけたりするのを手伝えば、主催者は喜んでくれるでしょう。飲んでしまいそうだと感じたら、どんなときでもできるだけ早くパーティ会場から出ます。

次は、休暇中の集まりでしてはいけないことです。アルコールを1、2杯楽しんでいるような人を12ステップに取り組ませようとしてはいけません。誰かに「1杯いかが？」と言われたとき、自分はアルコール依存症だと伝えて、自分の「酒浸りの日々」を洗いざらい話さなくてはならないなどと思う必要はありません。声をかけてきた人がたまたまあなたの信頼する人で、打ち明けてもいいかなと思える人でない限り、そんなことは相手の知ったことではありません。境界線をはっきりさせておくこと、これを忘れないようにしましょう。そして、ユーモアのセンスを絶やさないことです。ありがたいことに、今のあなたは、上司の夫と寝て駆け落ちするようなばかはしないでしょうから。

言うまでもありませんが、わたしたちは回復途上の母親として、家族のためにすばらしい休暇を用意したいと思っています。楽しくなかったそれまでの休暇の埋め合わせまでしたいと思っているかもしれません。でも、こうした努力はトラブルの素です。スポンサーや友人たちの助けを借りることで、どうすれば気楽に構え、自分自身にあまりストレスを与えず、それでもしらふで休暇を楽しめるのかを学ぶことができます。

飲酒をしていた当時、わたしは華やかなパーティをよく開いていました。ありもしないお金を使い、自宅を必ず『ベターホーム&ガーデンズ』誌に載る名所のようにしつらえ、家族全員に完璧な装いをさせたものです。もちろん、アルコールは間違いなく充分にストックしておくようにもしました。夜も更けるころには、わたしは必ず、大声で叫ぶ、いかれた女になり果てていました。そして翌日、家はめちゃめちゃ、わたしもめちゃめちゃというありさまになっていました。

断酒を始めてから、わたしは新しいしきたりを作るようになりました。子どもたちがまだ小さいころは、クリスマスのジンジャーブレッド・ハウスをいっしょにデコレーションしました。親友とそのふたりの息子を家に招き、ジェスチャーゲームのシャレード、スロットゲームのジェスターズ、ボードゲームのピクショナリーなど、いろいろなゲームでよく遊びました。誰もが夜通し笑いつづけたものです。

わたしたちはみな、1年中、この集まりを楽しみに待っていました。ある年には、帽子とマフラーをひと束買ってきて、それらをホームレスの人たちに手渡ししました。人助けということ以外に、子どもたちは自分がどれだけ恵まれているかを理解するようになりました。子どもたちと一緒に休暇を楽しむこと（そして、あなた自身のなかの子どもを楽しませること）は、たぶん休暇による安全なハイ状態を得るための最善の方法と言えるでしょう。

わたしはまた、休暇中に家計をどん底まで落とすような浪費をする必要はないことも学びました。最高の贈り物のなかには、安価で、かつ、楽しいものや有意義なものもあります。わたしの知り合いのある女性は、友人に特別なプレゼントを贈りたいと思っていましたが、そのとき破産中でした。彼女は、ピンクのプードル型ボトルに入った入浴剤を見つけました。他愛もないものでしたが、心に残るものです。受け取った女性はそれを長年大切にもっていました。そして、それは、その休日に受け取ったプレゼントの中で最高のものだと言ったそうです。

25 笑い声と、それほど楽しくない休日

エミリーはわたしのコーチングのクライエントで、休日をひどく恐れていました。彼女は子どもたちの親権を失い、最初の休日をしらふで乗り切ることは絶対にできないだろうと思っていました。心の痛みや恥ずかしさ、寂しさに、今にも飲み込まれてしまいそうでした。彼女がそうした気持ちを女性のミーティングで話すと、それを聞いていた女性たちがあとで彼女のところにやってきて、愛と希望を込めて彼女を抱きしめました。エミリーは同じような状況にある女性たちと知り合いになり、彼女たちはそのつらい時期を一緒に過ごすことにしました。彼女たちは互いの状況を確認し合い、地域のＡＡで長時間行なわれるマラソン・ミーティングに出かけたのです。アルカソンと呼ばれるこのマラソン・ミーティングはいくつかの都市で開催されていて、24時間続くこのイベントのおかげで、休暇中、おおぜいの依存症者が救われてきました。アルカソンは通常、休日――感謝祭、クリスマス、元旦――の前日正午に始まります。ミーティングはたいてい1時間ごとに行われ、それが翌日の正午まで繰り返されます。エミリーは、こういう時期に回復途上の人たちと一緒にいられるのは本当に救われると言い、コーヒーを入れたり、軽食用のテーブルのケアをしたりして手伝いもしました。

わたしが回復センターで働いていたとき、ひとりの女性が休暇直前に電話をかけてきて、1月2日に夫の治療予約を入れてほしいと言いました。彼女が言うには、その日までは、夫の断酒のために計画した家族の夕食会や祝い事が目白押しなのだそうです。わたしは、「マダム、去年の休暇はいかがでしたか？」と尋ねました。彼女は息を飲み、言いました。「ああ、そうね。

今すぐ治療を受けるべきよね」

わたしたちは誰しも過去をロマンチックに描き、それがどんなにひどかったかを忘れる傾向にあります。今度の休暇シーズンには、あなた自身とあなたのお子さんたちにこれまでで最高のもの——しらふでいることの恩恵——をプレゼントしましょう。

✚ 断酒を目指す母親が休暇を生き抜くためのツール

1 自分の断酒を最優先しましょう。正気を保ち、しらふでいるために、しなくてはならないことをします。断酒中の女性の仲間に電話をかけ、たくさんのミーティングに出かけましょう。自分自身に不当な期待をしないことです。あなたの子どもたちは、母親がしらふで、自分たちに気持ちを集中してくれれば、どんな休日も楽しむはずです。

2 たえず感謝の態度を示すようにしましょう。ささやかなことにも感謝しましょう。たとえば、しらふで目醒めたこと、また1日、新しい自分でいようと心がけられること、など。今、あなたは問題の一部ではなく、解決の一部を担っています。

3 与える精神を実践しましょう。気づいてもらえなくても、よいことをしましょう。たとえば、隣のお年寄りにプレゼントを置いてくる、養子を迎える、簡単なところでは、クッキーを焼いてお気に入りのAAのミーティングに持参する、など。

4 忘れないでください。とにかく今日1日だけです。真夜中まで頑張り、ベッドに入り、明日になったら飲めるからと自分に言い聞かせます。わたしの体験から言えば、前日飲まなかったことをありがたく思いながら、目醒めることでしょう。

◉訳注

1——人のクリスマスを台なしにする架空の生き物。

2——スリップ＝一定期間断酒したあとの再飲酒。

26

他者と自分自身を許す

それまで受けたことのなかった謝罪を受け入れられるようになると、人生はずっと楽になる。

――ロバート・ブロート

許すというのは、あなたを傷つけたかもしれない誰かの行動を大目に見る、ということではありません。あなたを不快にした人は、ひょっとしたら本当に悪質で、あなたは実害を被《こうむ》っていたかもしれません。許すにしても、その人物を自分の暮らしに招き入れる必要はありません。その人と一緒にときを過ごす必要もなければ、過去の出来事を気にしていないふりをする必要もありません。許すというのは、実際のところ、わたしたち自身の幸福と心の平安に関わる行為です。相手を許すということは、あなたがその相手と自分自身とを、うっ積した怒りという監獄から解放する決心をしたということです。以前ある人が、「自分を傷つけた相手を許す決心をすれば、相手の力を奪うことになる」と言うのを聞いたことがあります。許す決心をするときには、それまで自分が背後に引きずっていた鉄球と鎖のキーを捨てているのです。

ジェニファーという名のわたしのクライエントは、怒りが許しに変わったときのことを話してくれました。ジェニファーは電話で夫と大喧嘩をし、夫にめちゃくちゃ腹を立てました。電話を投げつけるように切ると、ベビーベッドに向かい、泣いている赤ちゃんを抱き上げようとしました。そのとき、赤ちゃんの小さなかわいい両手が夫の手にそっくりなことに気づきました。不意に心が和らぎました。その瞬間、ジェニファーは夫に感謝していました。夫がいなかったら、このすばらしい坊やを授かることも、この小さなかわいい手に触れることもできなかったからです。彼女は手を伸ばして、坊やの手を握りました。すると、怒りの感情は次第に消えていきました。5分ほど前にあれだけ腹を立てていた喧嘩はたいしたことではないように思えてきて、彼女は夫も自分自身も許しました。ときには、心を和らげようと意識的に決意するだけでいい場合もあります。そうすれば、わたしたちは許しはじめます。

離婚して9年、断酒を始めて10年が経ったころ、人生はわたしに許しと解放のレッスンを与えました。わたしは何度も第4ステップに取り組み、たっぷり内省し、自分自身と他者に対して多くの埋め合わせをしてきました。それでもなお、前夫に対する恨みとカビ臭い昔の怒りは、繰り返しわたしに忍び寄ってきました。そんなある日、息子のバスケットボールの試合で市外に出ていたとき、前夫から電話がありました。「がんが見つかったんだ」

なんてこと……こんな知らせ、聞きたくなかった！　わたしは心のなかでそう思いました。電話を切ると、涙がどっと流れてきました。不意に優しさと愛と思いやりが洪水のようにあふれてきて、この男性に対してもちつづけていた怒りを跡形もなく洗い流しました。恥ずかしいことに、こんな悲劇が起きてやっと、わたしたちは目が醒め、昔の怒りを手放すことができたのです。今やわたしは、彼は死んでしまうのではないか、子どもたちは父親を失うのではないかと怖くてたまらなくなっていました。何年ものあいだ、彼にしてきたあらゆる仕打ちを悔いる気持ちが嵐のようにわたしを襲いました。わたしは打ちのめされたように感じて、人生の嵐に襲われたときにするようにと教えられたことをすぐ実行しました。そう、親友のローリに電話をかけて、大泣きしたのです。わたしは前夫と子どもたちのことを考えて完全にパニックに陥っていました。ローリはわたしに、彼がまだ生きていることを思い出させてくれました。そして、わたしは今この瞬間、元気なこと、わたしは今、現実に戻って息子のバスケの試合に集中すべきだということも思い出させてくれました。

12ステップのプログラムで得た友人たちをわたしが大切に思うのは、わたしが道に迷ったとき、どのプログラム・ツールを取り上げなくてはならないかを気づかせてくれるからです。それに、わたしもしばしば言うことですが、「ありがたいことに、わたしたちはみなが同時におかしくなるわけではなく、交代することができます」

あの日、わたしがローリの力を借りて使ったツールは、今という瞬間に留まり、息子のためにちゃんとそこにいて、未知のものを信頼するというものでした。ＡＡは、どんなに努力して

26 他者と自分自身を許す

も失敗しそうなときには、そういう自分から手を引き、運休するようにと教えてくれました。帰宅したわたしは、自分の恐怖から気持ちをそらし、前夫の新しい家族に夕食を届け、何か手伝えることはないかと尋ねました。そのあとわたしは何カ月もの間、前夫が力強く、勇気とユーモアでがんを克服していく姿を見ることになりました。結局、彼の髪の毛はすべて抜け落ち、簡単に交換できる「例のもの」を買いました。すると彼は、みなに、「これ、ひとつほしいなとずっと思ってたんだけど、被ったら髪がめちゃくちゃになるのが心配だったんだ」と話しました。そして、笑いながら、「今はもう、髪の心配はしなくてよくなったよ」と言うのです。彼は健康を取り戻したあと、あるサイクリング・チームに加わり、リンパ腫白血病協会のための募金をしました。彼のがんは、今、寛解期にあり、彼は相変わらず年1回のチャリティ・イベントでペダルを踏み、大きな目的のためにたくさんのお金を集めています。

前夫は自分の病気を通して、恐怖にどう立ち向かったらいいのか、毎日どこにどう顔を出したらいいのか、まだ苦しんでいる別の人をどのようにして助けたらいいのかを、子どもたちに教えていたのだ、とわたしは思いました。皮肉にも、わたしの病気も同じことを子どもたちに教えました。彼はがんという自分の病気を、化学療法と放射線治療に通って治療していました。わたしもまたアルコール依存症という病気を、AAに通って治療していました。わたしは彼が病気に罹ったことに深く同情しましたが、自分の病気が家族に与えたダメージについては、依然として自分を責めていたことに気づきました。ついにわたしは、自分の人生を全体から眺め、わたしたちが別々の場所で暮らすようになったのは実は天与の贈り物であり、それゆえにわが家族はより緊密になったのだと理解しました。このように理解したことによって、わたしは自分を解放し、彼を許せるようになりました。次はいよいよ、真に自分を解放して、自分自身を許すときでした。

ひどく奇妙な形で許しを促されることもあります。わたしの回復におけるハイライトのひとつは、娘が自分の称賛する人物について学校で書いた作文を読んだことです。たいていの生徒はまさに英雄と言うべき人物について書いたのに、娘はわたしについて書くことにしたのです。なぜなら、彼女はわたしがあらゆる試練を乗り越えてきたのを見ていたからです。娘の作文のおかげで、わたしは長年自分を打ちつづけてきた棒を手放すことができました。わたしは自分が永久に子どもたちを傷つけてしまったと考えて、本当に何年ものあいだ、自分を責めていたのです。息子のひとりは同様の課題を出されたとき、父親について書きました。彼は作文のなかで、父親を選んだ理由を説明していました。そのひとつは、父親が勇敢にがんの治療を耐え抜いたこと、もうひとつは、つるつるの頭で平然と人前に出ていったことでした。わたしは昔の怒りや憤りを手放すことで、こうしたことすべてに立ち会えるようになりました。許しはいっときに生まれるものではなく、プロセスです。そして、このプロセスに取り組むことによって、わたしは癒しの力と、かつて切れていた絆を復活させる力を体験することができました。この体験が今、わたしの人生を豊かなものにしてくれています。

怒りの感情にしがみついていると、自分自身がひどくむしばまれてしまう可能性があります。第8ステップでは、自分が傷つけてきた人全員のリストを作ります。どれだけ多くの人が自分自身をそのリストに含めることを忘れていることでしょう。わたしたちは飲酒したり薬物を使用したりしているあいだに、自分自身を傷つけました。自分の思いや行動のせいで、他者のみならず、わたしたち自身も苦痛を味わいました。自分自身こそが最悪の批評家なのです。自分自身を許すという行為は、毎日練習することができます。わたしたちは女性として、自分が与えてきた危害に執着する傾向があり、おそらく、自分は許されるに値しないとまで思っていることでしょう。自己嫌悪は再発につながりかねません。ですから、自分自身に対する気持ちを和らげることがとても重要なのです。

ＡＡのミーティング会場で聞いた話のなかでも特に心が痛んだのは、自分の依存症のせいで子どもを失った母親たちの話です。母親にとってもっとも大切な本能は、子どもの世話をし、養い、守ることです。けれど、あまりにがっちりと依存症につかまってしまうと、自分にとってもっとも大切な天与の贈り物――わが子――を見捨てたり放っておいたりすることがあります。普通の人なら、どうして母親がわが子を放っておいたり、危険にさらしたりできるのか、とうてい理解できないでしょうが、その状況にいたわたしたちには、この病気がときに母性本能よりもはるかに強力であることがわかっています。

ある女性は、妊娠中すでに、自分には赤ちゃんの世話どころか自分自身のケアすらできないだろうとわかっていたと告白し、当時の思い出を話してくれました。坊やがまだ1歳にもなっていないある日、彼女はコインランドリーに行くからと父親に告げて外出し、そのまま帰りませんでした。宿なしに戻ったのです。彼女が最終的に断酒するまでには何年もかかりました。2、3日しらふの状態がつづいて心がクリアになりはじめると、息子を見捨てて出ていったことを恥じる気持ちが耐えがたくなり、またお酒を1本買ってしまうのです。それでも彼女は幸運でした。ついに断酒して、結局、息子を取り戻したのですから。

驚くほど多くの女性が子どもの親権を失ってから、回復に入ります。子どもは父親や別の家族、養護施設にゆだねられます。子どもたちはときに、母親とはなんの関係ももちたがりません。母親が自分をじゃまにしたり、放っておいたりしたからです。子どもたちは腹を立てることもあれば傷つくこともあり、こうした感情は、いつか消えることがあるとしても、ひと晩で消えることはまずありません。

わめきちらしたり、酔いつぶれたりする母親は、理想の母親像ではありません。断酒したからと言って、家族が温かく迎え入れてくれることを期待してはいけません。元の信頼と敬意を取り戻すのには、長い時間と忍耐が必要です。両親や大切な人たち、子どもたちは、「だから何？　今は断酒しているかもしれないけれど、そもそも、わたしたちをこんなに心配させたり、苦しめたりすべきじゃなかったんだ」などと思うかもしれません。

2度と家族を取り戻すことができない女性も少なくはありませんが、12ステップに取り組むことによって、自分を許し、日々の暮らしのなかで前進することはできるようになります。カレンは自分の体験を話してくれました。彼女は当時、結婚して15年になる郊外に住む主婦で、13歳の息子と7歳の娘がいました。彼女の飲酒と薬物使用があまりにひどくなり、夫は彼女と離縁し、単独親権を申請して、あっさりそれを勝ち取りました。カレンはこう言っています。「わたしは母親失格でしたし、妻としても失格でした。でも、わたしの目的は母親になることだったんです。だから、子どもがいなければ、わたしなんて存在しないも同然でした」

子どもたちが自分から去ってしまい、ひとり残されると、薬物の使用量はさらに増えました。やがて依存性の強い薬物を常用するようになりましたが、何を使っても、子どもを失った心の痛みは覆い隠すことはできませんでした。生活は急激に荒れて手に負えなくなり、彼女は麻薬の所持で逮捕され、何度も刑務所に入りました。そんななかで彼女は、やはり飲酒し薬物を使う男性と出会い、ハンナという名前の娘が生まれました。しかし、カレンもその男性も、ハンナの育児にはふさわしくありませんでした。ある晩、男性がカレンをさんざん殴りつけ、彼女のこめかみに銃を押し付け、引き金に指をかけました。カレンはそのとき7カ月になるハンナを抱いていました。「あなたの娘は、壁一面に飛び散った血を、母親の最後として思い出すことになるのよ。そうなってほしいの？」と、カレンは言いました。彼は別室に歩いていき、カレンは911番に電話をかけました。特別機動隊が来て、膠着状態は6時間続きました。

警察はカレンとハンナの父親を逮捕しました。彼女は婦人警官が愛想を尽かした目で自分を見ていたのを憶えています。わたしたちの多くはその眼差しを見たことがあります。それは、薬物を使用しているわたしたちを見る人の目に浮かぶ、憐れみと言いようのない嫌悪が相半ばする眼差しであり、「よくもこんなことができるわね？」と言わんばかりでした。警官は児童保護サービスに電話をかけ、ハンナを児童養護施設に緊急保護してもらう段取りをつけました。カレンは警官に、娘を連れていかないでと泣きながら懇願し、せめて連れていく前に娘にキスさせてほしいと頼みました。警官は、「ダメよ。あなたの娘に必要なのは食べ物とおむつだけじゃないの。世話と保護と愛が必要なの」と言いました。護送用のバンが娘を乗せて走り去ると、カレンは怒り狂い、悲嘆にくれました。

警察は数々の明白な理由にもとづいて、その場でカレンを逮捕しました。彼女は3カ月の刑に処されました。監房で勾留されているあいだ、彼女はただひたすら、めちゃくちゃになった自分の人生のこと、子どもの世話ができない自分の無能さのことだけを考えていました。彼女は四六時中ハンナの心配をしていました。どんな家族が娘の里親になっているのだろう。誰か娘をあやしてくれているのだろうか。そうしたことがわからないため、カレンは気が変になりそうでした。

カレンは釈放後、施設に送られ、半年間の治療プログラムに取り組むことになりました。その施設にいるあいだに、短時間、監視下でハンナを訪ねる許可が裁判所から下りました。治療後、カレンはついにアパートをもち、ハンナが連れていかれた日の2年後には、裁判所はハンナを母親と暮らせるようにしました。カレンは今、断酒を始めてから5年になり、わたしたちの多くはハンナがＡＡのミーティング会場で成長していくのを見守っています。

カレンは前夫との子どもたちに埋め合わせをしてきましたが、この子どもたちは依然として彼女と関わることを望まず、手紙や電話にも応えようとしません。でも、実のところ、わたしたちは何が自分の身に降りかかろうとも、断酒・断薬を続けることができます。絶望して傷ついても、飲酒したり薬物を使用したりすることなく生きていけるようにもなります。カレンは自分自身の癒しと許しに取り組みつづけてきました。そして、自分を癒すのにもっとも役立ったのは、子どもを失ったほかの女性たちの話を聞くことだったと言っています。カレンはこれらの女性たちから非難されたと感じることはありませんでした。彼女たちは思いやりにあふれていて、カレンに愛を注ぎ、カレンが自分自身を同様に扱うにはどうしたらいいかを教えてくれました。カレンの癒しは今もなおその途上にありますが、そうしたなかで彼女は、依存症でわが子を失ったほかの女性たちに手を差し伸べています。回復のプロセスにおいて、わたしたちの体験談はもっともすばらしい贈り物になります。

自分自身と他者を許せるようになると、幸福に向かう道に入ります。わが子に与えることのできるもっともすばらしい贈り物のひとつは、このことを身をもって示すことです。わたしたちが思いやりを込めて自分自身を扱っているのを見ることで、子どもたちも同じように自分自身を扱えるようになります。

✚ 断酒を目指す母親が自分自身と他者を許すためのツール

1 自分自身に優しくできるようになりましょう。もしも自分の子どもが間違いを犯したら、なんと言いますか？　子どもを辱《はずかし》めるのではなく、たぶん話を聴き、誰でも間違いはするものだと言って勇気づけるでしょう。だからこそ、鉛筆には消しゴムが付きものだし、コンピュータには「削除」キーがついているのです。

2 「わたしはあなたを許します」という自分宛ての手紙を、親友に宛てて書くつもりで書きましょう。

3 「手放すための箱」を作りましょう。箱か袋を用意し、絵を描いたりステッカーを張ったりして、それを自分の好きなように飾ります。それから、紙片を何枚も用意して、自分がなかなか許せないでいる人の名前を全部書きます。自分の名前を書くのを忘れないようにしてください。そして、それらの紙片を箱に入れて手放します。

4 あなたが腹を立てている相手やなかなか許せない相手に、善意や祈りを送りましょう。腹を立てている相手を思って祈ると、わたしたちは解放されます。このことは『ビッグブック』にも書いてあります（原書552ページ）。

取り除きたいと思っている憤りがもしあるなら、その相手や物事を思って祈ると、あなたは自由になれます。自分のためにほしいと思っているあらゆることがその相手に与えられますようにと祈ると、あなたは自由になれます。相手の健康と成功と幸福を祈りましょう。そうすれば、あなたは自由になれます。たとえ本当はそれを望んでいるわけではなく、祈りは単なる言葉に過ぎず、本気で言っているのではないにしても、とにかく今はそうしましょう。それを毎日、２週間続けてください。そうすれば、自分が心からそう言うようになっていること、相手にそうあってほしいと思うようになっていることに気づくでしょう。そして、かつては恨みや憤りや憎しみを感じていた場所で、思いやりに満ちた理解や愛を感じていることを実感するでしょう。

監訳者解題

本書は、ローズマリー・オコーナー著「A Sober Mom's Guide to Recovery ― Taking Care of Yourself to Take Care of Your Kids」の全訳です。この本は、アルコール依存症の母親が、自らの体験をもとに、同じ問題に苦しむ女性たちのために記した回復ガイドとなることを目的として書かれたものです。同時に、子を持つ母親である著者自身が、アルコールで手痛い失敗をし、いわゆる「底つき」を体験したのち、何度もつまずき、時には悪態をつきながらも、一人の女性、そして母親として輝く存在に生まれ変わっていくまでの、笑いあり、涙ありの奮闘記でもあります。

まずは、今日の依存症の治療と支援において本書が持つ意義について、述べておきたいと思います。

最近20年ほどのうちに、女性が仕事を持ち、社会で活躍する場は多くなっていますが、それとともにお酒をたしなむ女性の数もまた確実に増加しています。厚生労働省の報告によると、2008年に行われた調査では、20代前半では女性の飲酒者が男性よりも多くなっていることが報告されています。

いうまでもなく、アルコールを楽しむことそのものに性別は関係ありません。しかしその一方で、注意すべき点もあります。それは、アルコールがもたらす健康被害については残念ながら男女差があるということです。女性は、肝機能や女性ホルモンの影響のために男性よりもアルコールの代謝能力が低く、したがって、男性に比べて少ない量のアルコールでもさまざまな健康上のリスクが生じてしまうことが明らかにされています。また、男性よりもはるかに短期間の飲酒習慣でも依存症に罹患してしまうことも指摘されているのです。

それだけではありません。女性のアルコール依存症患者の場合、男性に比べて治療や回復支援にもさまざまな困難があります。たとえば摂食障害やうつ病、あるいは心的外傷後ストレス障害など、他の精神障害を合併する人、そして、自傷や自殺未遂の経験を持つ人が多いのです。また、過去に養育者からの虐待やさまざまな暴力被害を受けた経験を持ち、現在もパートナーによる暴力被害や子どもの養育の問題も抱えていることがあり、安心して治療や回復に取り組める状況にないことも少なくありません。

一般に、依存症というと、アルコールや薬物などの精神作用物質のもたらす快感に「溺れている」などと誤解され、「意志の弱い人」「ダメな人」と見なされがちです。しかしながら、そうした理解はあまりにも表層的なものです。米国の精神科医エドワード・カンツィアンは、「依存症の本質は快感ではなく、苦痛である」と指摘し、治療の場を訪れる依存症患者の多くは、

「快感を得るためではなく、さまざまな心理的な苦痛を一時的に緩和するために」アルコールや薬物を用いていると指摘し、「自己治療仮説」という依存症の理論を提唱しています。

この理論は、女性の依存症患者には特にぴったりと当てはまります。実際、私がこれまで臨床現場で出会ってきた女性依存症患者の多くは、虐待やさまざまな暴力の被害を生き延び、誰も頼れる人がいない世界のなかで自身の感情的苦痛を緩和するための「鎮痛薬」として、アルコールや薬物を用いてきた人たちばかりでした。加えて、彼女たちの多くが、人一倍「よき妻、よき母」でありたいと願い、家事や育児に孤軍奮闘していました。その結果、ますますアルコールや薬物に頼らざるを得なくなり、治療の場にたどり着いていたのです。

こうした女性たちの回復の道のりは決して容易ではありません。というのも、「鎮痛薬」として機能してきた物質を手放すということは、それまでごまかしてきた感情的苦痛と対峙することを意味するからです。安心して治療を受ける環境を整えることも一苦労です。子育て中の身であれば、子どもの存在は回復へのモチベーションや支えとなる一方で、預け先の問題などにより、専門病院への入院や回復施設への入所、あるいは、自助グループ参加といった、回復のための活動を躊躇させる原因にもなり得ます。

経済的な問題も見過ごせません。経済的困窮から将来への不安が高まり、孤立無援感に襲われるのは当然ですが、そのような心の隙間につけ込んでくる男性などが出現し、回復のプロセスが頓挫させられることもあります。さらに、ようやく断酒が軌道に乗り始めると、自身がアルコールに酩酊していた時期のツケが跳ね返ってきて、今度は、子どもの側がさまざまなメンタルヘルス上の問題を顕在化させたり、子どもとの関係性の再構築という課題に直面したりすることになるでしょう。

ここまで読んでいただければわかるように、依存症からの回復とは、「どこかの病院に一定期間入院し、アルコールや薬物を抜けばそれでよい」などといった単純な問題ではないのです。医療だけではなく、さまざまな福祉サービスを利用し、問題に応じた専門職の支援も受けつつ、同じ問題を抱えながら回復を目指す仲間との相互交流や情報交換をしていく必要があります。

その意味では、回復のプロセスは長い道のりであり、同時に、その道は決して一本道ではなく、紆余曲折しながら、時々、意地悪な分岐点や悪路が出現する、実にややこしい道なのです。ですから、医療・保健・福祉にまたがるさまざまな分野・領域の援助者に上手に頼りながら、自分のサポートチームを作っていく必要があります。もちろん、自身の覚悟も必要です。それは、前に進めば進むほど、新たな解決すべき問題と直面すること、しかし、それらにしらふの状態で対処し、乗り越えて行くこと、そして、自分を愛せるようになるためにささやかな目標を持ち、自らに宿題を課すこと。回復はそのようにして達成されます。

本書は、そのような長い回復の苦しいプロセスを、著者一流の自虐的ユーモアで笑い飛ばしながら、あくまでも当事者目線でくわしく書いてくれています。そして、先行く者として、後に続く同じ問題を抱えた女性に役立つ具体的なアドバイスが満載されています。女性の依存症者の回復のプロセスとポイントを、このように詳細かつコンパクトな分量でまとめてくれた書籍は、私自身、他に出会ったことがありません。

もう1つ、本書が持つ重要な意義についても触れておく必要があるでしょう。

本書では、アルコホリクス・アノニマス（Alcoholics Anonymous; AA）という自助グループのなかで回復していくプロセスを、著者自身の体験に沿ってくわしく述べてくれている、という点でも非常に貴重な文献といえるでしょう。

依存症からの回復に、自助グループへの参加は欠かせないものです。医療機関は、体内からアルコールを抜き、「脳の酔い」を覚まして、断酒のきっかけを与えることはできますが、アルコールをやめ続け、「心の酔い」を覚ますには、同じ問題を抱えた当事者同士が仲間とともに「飲まない生き方」を目指していく場である自助グループが必要です。というのも、依存症から回復するには、単にアルコールをやめるだけではなく、心の痛みの「鎮痛薬」であった物質に代わる仲間や価値観、すなわち、「新しい生き方」が必要となります。

実際、本書でも、著者の回復への旅は、お酒を飲んで大失態を演じた翌朝、アルコホーリックス・アノニマス（Alcoholics Anonymous; AA）に1本の電話をかけたことから始まっています。そして、断酒を続けるなかで遭遇するさまざまな現実的な困難を、自助グループのスポンサーや仲間たちと分かち合い、助言をえながら、人生のコマを一歩ずつ前に進め、最終的にいまの自分を前よりも愛せるようになり、多くの自己実現を手にしています。

ＡＡは１９３５年にアメリカで誕生した世界最大のアルコール依存症の自助グループであり、現在、世界中のあらゆる場所でミーティングが行われています。日本には１９７２年に導入され、12ステップのプログラムと12の伝統に基づいた活動が国内各地で行われています。

自助グループがなぜ有効なのかは、薬の作用機序のように解明できているわけではありませんが、当事者から聞いた言葉を思い起こしてみると、「自分だけではないのだ」という安心感、「この人たちのように自分もやめられるかもしれない」という回復への希望、そして「自分にも同じような課題があるかもしれない」という自己理解の促進、などがあるように思います。さらに言えば、安心できる場で、自らの痛みを伴うエピソードを繰り返し語り、仲間からの共感を受け続けることで、いつしか、そうしたエピソードが自分にとっての恥ずべき烙印から、苦しみを生き抜いた誇らしい勲章へと変わっていく作用があるのではないかという印象を持っています。

私は、かつて心理士としてのキャリアの初期において、数年間、矯正施設の心理職として仕事をしていた時期があります。当時、私のなかでの大きな関心事は、非行や犯罪をした人たちがいかにすれば、自身の問題を受け入れ、新しい自分に変わろうという気持ちになれるのか、といったことでした。結局、答えは見つけられないまま、医療機関へと勤務先を変えることになったわけです。

それだけに、依存症臨床に携わるようになって自助グループのミーティングに始めて参加した際に受けた強い衝撃と感銘は、今でも鮮烈な体験として記憶されています。そこには、たくさんの当事者が自主的に集まっており、過去の言動を内省し、変化に向けて新たな努力を試みようとする姿があったからです。なぜここにいる人たちは、こんな風に自分のことをさらけ出し、振り返り、変わろうとしているのか？　家族や医療者の働きかけにもずっと抵抗してきたはずの彼らが、なぜ今、変わることを選択したのか？　同じ問題を抱えた仲間との出会いが、彼らに何をもたらしたのか？　私が、依存症のことをもっと知りたいと強く引きこまれた瞬間でした。

本書では、筆者の体験を通じ、自助グループのプログラムによってどのようにして「新しい生き方」を獲得していくのか、その治療機転の一端をうかがい知ることができます。おそらく、その一部として、仲間たちから「今のありのままの自分」を承認され、肯定される体験は無視できないように思います。多くの依存症者は、「自分は今のままでは十分ではない」という思い込みに囚われていますが、こうした思い込みは、自分自身を恥ずかしく思い、嫌悪し、否定するものであり、人をひどく苦しめ、その場しのぎの不適切な対処法に至らしめるものだからです。

実際、本書の著者もひっきりなしにこうした考えに襲われていました。そのたびに決まって唱えていたマントラがあります。それは、「私は今のままで十分に持っている、私は今のままで十分に行っている、私は今のままで十分だ」という言葉です。著者は繰り返しこの美しいマントラを唱え、自らを苦しめる信念を癒し、自分を愛して尊重するようになり、やがて大勢の女性たちの支援者となっていきました。

こうした著者自身の回復のプロセスを文章でたどる体験は、12ステッププログラムが持つスピリチュアルな力を知るよい機会となり、専門職の援助者にとっても大いに啓発されるものと思われます。

さて、このあたりで、本書を訳出した経緯について触れておきたいと思います。

私的な話をするのをお許しいただければ、本書の監訳作業は、実は私自身にとっても「新しい生き方」を模索する作業と重なりながら進められたものでした。監訳のきっかけは、共同監訳者である松本俊彦先生からの、「女性依存症者を想定した啓発的で貴重な本だからやってみないか」という提案でした。ところが、仕事を依頼されてから間もなく、私は急性白血病という思いもよらぬ病気で長期入院を余儀なくされたのです。いくつもの幸運とたくさんの人の支援によって命をつないでもらうことができましたが、治療がうまくいってからも、それまでの自分とは、身体も仕事も生活もすっかり変わってしまったように感じました。突然の出来事を自分の人生の中に統合し、新たな自分——治療のために、私の血液はドナーのものに入れ替わり、現実に血液型までも変わっています——を受け入れていくプロセスは、決して容易なものではありませんでした。

退院後の療養中に監訳作業にようやく取り掛かり始めたわけですが、本書の文章をたどりながら、著者が病に人生を乗っ取られることなく、祈り、奮闘する様を追体験することは、私自身の癒しにもつながるものでした。元気になった今、さすがに「病気になってよかった」などとは微塵も思わないものの、それでも、本書を通じ、どんな病気であれ、生き延びた人には痛みを知った強さが備わり、そして、いつからでも人は自分の中に光を見出し、人生を輝かしいものにしていくことができるのではないかと感じることができています。その意味で、松本先生がこの監訳作業にお声掛けくださったことには、単なる偶然以上のもの、私に定められた、ある種の運命のようなものを感じました。もしかすると、AAの人たちのいう「ハイヤー・パワーの導き」とは、こういう現象のことを指しているのかもしれません。

最後に、本訳書刊行にあたって、お世話になった方々に感謝を述べさせていただきたいと思います。まず、今回、このような監訳の機会を与えてくださった金剛出版代表取締役の立石正信さま、そして、迅速に訳稿を仕上げてくださった浅田仁子さまに感謝申し上げます。同時にこのお二人には、なかなか作業に着手できず、また、作業を始めてからも、完成まで長い時間を要してしまったことについて、心からお詫びを申し上げたいと思います。

それから、私の闘病を支えて下さり、職場復帰に向けてさまざまな支援や調整をして下った職場の上司・同僚のみなさま、そして私の家族や友人にも心からの感謝を申し上げたいと思います。いまそのすべての方のお名前をあげるとなると、あと3ページほどの紙幅が必要となってしまうので、ここでは、代表して、直属の上司である国立精神・神経医療研究センター病院精神リハビリテーション部 部長 平林直次先生のお名前のみあげさせていただきます。本当にどうもありがとうございました。

本書が、多くの依存症支援にかかわる援助者はもとより、依存症と闘う女性の当事者の方々の手に届き、新しい歩みへの一助となることを願ってやみません。

平成30年10月

監訳者を代表して　今村扶美

AAの12ステップ

1. 私たちはアルコールに対し無力であり、思い通りに生きていけなくなっていたことを認めた。
2. 自分を超えた大きな力が、私たちを健康な心に戻してくれると信じるようになった。
3. 私たちの意志と生き方を、自分なりに理解した神の配慮にゆだねる決心をした。
4. 恐れずに、徹底して、自分自身の棚卸しを行ない、それを表に作った。
5. 神に対し、自分に対し、そしてもう1人の人に対して、自分の過ちの本質をありのままに認めた。
6. こうした性格上の欠点全部を、神に取り除いてもらう準備がすべて整った。
7. 私たちの短所を取り除いて下さいと、謙虚に神に求めた。
8. 私たちが傷つけたすべての人の表を作り、その人たち全員に進んで埋め合わせをしようとする気持ちになった。
9. その人たちやほかの人を傷つけない限り、機会あるたびに、その人たちに直接埋め合わせをした。
10. 自分自身の棚卸しを続け、間違ったときは直ちにそれを認めた。
11. 祈りと黙想を通して、自分なりに理解した神との意識的な触れ合いを深め、神の意志を知ることと、それを実践する力だけを求めた。
12. これらのステップを経た結果、私たちは霊的に目覚め、このメッセージをアルコホーリクに伝え、そして私たちのすべてのことにこの原理を実行しようと努力した。

上記のAA12ステップは、『アルコホーリックス・アノニマス』第四版（59-60p）から抜粋したものです（New York: Alcoholics Anonymous World Services, 2001）。

Recommended Resources

Recovery Organizations

Alcoholics Anonymous: www.aa.org

Al-Anon Family Groups: www.al-anon.alateen.org

Co-Dependents Anonymous: www.coda.org

Love Addicts Anonymous: www.loveaddicts.org

Narcotics Anonymous: www.na.org

Nar-Anon Family Groups: www.naranon.org

Sex and Love Addicts Anonymous: www.slaafws.org

Books

Alcoholics Anonymous, 4th edition (New York: Alcoholics Anonymous World Services, Inc., 2001).

Each Day a New Beginning: Daily Meditations for Women by Karen Casey (Center City, MN: Hazelden, 1991).

Narcotics Anonymous, 6th edition (Van Nuys, CA: Narcotics Anonymous World Services, Inc., 2008).

Paths to Recovery: Al-Anon's Steps, Traditions, and Concepts (New York: Al-Anon Family Groups Headquarters, Inc., 1997).

The Recovering Heart: Emotional Sobriety for Women by Beverly Conyers (Center City, MN: Hazelden, 2013).

Twelve Steps and Twelve Traditions (New York: Alcoholics Anonymous World Services, Inc., 2012).

A Woman's Way through the Twelve Steps by Stephanie Covington (Center City, MN: Hazelden, 1994).

◆著者紹介

ローズマリー・オコーナーは認定依存症リカバリー・コーチであり、認定職業コーチでもある。ROCリカバリー・サービス(rocrecoveryservices.com)を立ち上げ、回復途上にある女性や母親の具体的なニーズに応えている。ROCが提供するのは、リカバリー支援ホーム、リカバリー・コーチング、ライフ・コーチング、ソーバー・コンパニオン、体験的ワークショップであり、これらを通して、依存症を抱える女性の持続的・長期的な回復を支援するとともに、さまざまな困難を解決する簡単な方法を指導している。ローズマリーは、女性が依存症の破壊的影響から回復するのを手助けすること、そうした女性たちが目的と実りのある人生を送り、自分自身や他者と有意義なつながりをもてるよう、その方法を指導することを自らの使命としている。

1999年に、3人の幼い子どもをもつ母親だったローズマリーは、人生でもっとも重要な決断をし、アルコール依存症から回復する道を選択した。カリフォルニアのセント・メアリーズ・カレッジ卒。北カリフォルニア在住。楽しむことを大切にし、ハイキングとサンフランシスコ湾で泳ぐことを愛している。

◆監訳者略歴

今村 扶美 ―― いまむら ふみ

国立研究開発法人国立精神・神経医療研究センター病院 精神リハビリテーション部臨床心理室 室長

臨床心理士、日本アルコール・アディクション医学会評議員

1999年慶應義塾大学、2001年東京都立大学大学院修了後、所沢市立教育センター教育相談員、東京少年鑑別所および川越少年刑務所心理技官を経て、2005年に国立精神・神経センター武蔵病院(現、国立精神・神経医療研究センター病院)心理療法士に着任。2014年より現職。

主な著訳書として、「物質使用障害とアディクション臨床ハンドブック」(共著、星和書店 [2013])、「統合失調症のための集団認知行動療法」(共訳、星和書店 [2008])、「学校における自傷予防～『自傷のサイン』プログラム実施マニュアル」(共訳、金剛出版、2010)、「自傷の文化精神医学」(共訳、金剛出版、2012)、「SMARPP-24 物質使用障害治療プログラム」(共著、金剛出版 [2015])など。

松本 俊彦――まつもと としひこ

国立研究開発法人 国立精神・神経医療研究センター精神保健研究所 薬物依存研究部 部長／病院 薬物依存症センター センター長

1993年佐賀医科大学卒業。横浜市立大学医学部附属病院での初期臨床研修修了後、国立横浜病院精神科シニアレジデント、神奈川県立精神医療センター医師、横浜市立大学医学部附属病院精神科助手を経て、2004年に国立精神・神経センター（現、国立精神・神経医療研究センター）精神保健研究所司法精神医学研究部専門医療・社会復帰研究室長に就任。以後、同研究所 自殺予防総合対策センター自殺実態分析室長、同 副センター長などを歴任し、2015年より同研究所 薬物依存研究部 部長に就任。また、2017年より国立精神・神経医療研究センター病院 薬物依存症治療センター センター長を併任。

精神神経学会認定精神科専門医、精神保健指定医、精神保健判定医、日本アルコール・アディクション医学会理事。

主著として、「薬物依存の理解と援助」（金剛出版［2005］）、「自傷行為の理解と援助」（日本評論社［2009］）、「アディクションとしての自傷」（星和書店［2011］）、「薬物依存とアディクション精神医学」（金剛出版［2012］）、「自傷・自殺する子どもたち」（合同出版［2014］）、「アルコールとうつ、自殺」（岩波書店［2014］）、「自分を傷つけずにはいられない」（講談社［2015］）、「もしも「死にたい」と言われたら――自殺リスクの評価と対応」（中外医学社［2015］）、「SMARPP-24 物質使用障害治療プログラム」（共著、金剛出版［2015］）、「よくわかるSMARPP――あなたにもできる薬物依存者支援」（金剛出版［2016］）、「薬物依存臨床の焦点」（金剛出版［2016］）、「ハームリダクションとは何か」（共著、中外医学社［2017］）、「薬物依存症」（筑摩書房［2018］）がある。

◆訳者略歴

浅田 仁子――あさだ きみこ

静岡県生まれ。お茶の水女子大学文教育学部文学科英文科卒。社団法人日本海運集会所勤務、BABEL UNIVERSITY講師を経て、英日・仏日の翻訳家に。

訳書に『サーノ博士のヒーリング・バックペイン』『RESOLVE』『ミルトン・エリクソンの催眠テクニックI・II』『ミルトン・エリクソン心理療法』『人はいかにして蘇るようになったのか』（春秋社）、『パクス・ガイアへの道』（日本教文社）、『山刀に切り裂かれて』（アスコム）、『幸せになれる脳をつくる』（実務教育出版）、『マインドフル・ゲーム』（金剛出版）などがある。

お母《かあ》さんのための
アルコール依《い》存《ぞん》症《しょう》回《かい》復《ふく》ガイドブック

２０１９年1月10日　印刷
２０１９年1月20日　発行

著者――ローズマリー・オコーナー
監訳者――今村扶美
松本俊彦
訳者――浅田仁子

発行者――立石正信
発行所――株式会社　金剛出版
〒１１２-０００５
東京都文京区水道1-5-16
電話　０３-３８１５-６６６１
振替　００１２０-６-３４８４８

装丁◉臼井新太郎　装画◉高杉千明
印刷◉平河工業社　製本◉東京美術紙工協業組合

ISBN978-4-7724-1671-9 C3011